敵我之間

一場歷史的思辨之旅3

呂世浩——著

推薦序——

一位正在寫下歷史的歷史老師

【臺大MOOC執行長．臺大電機系副教授】葉丙成

二〇一三年八月三十一日，世浩與我在全球最大、最多人關注的Coursera線上課程平台上同日開設了全球首創的華語MOOC課程（大型線上公開課程）。從那天起，我們一同踏上了一趟特別的旅程。曾經，我們課程囊括了最多人修課的華語MOOC線上課程的前兩名。也曾經在二〇一五年全大陸MOOC學生網路票選全球十大MOOC名師時，同時入選。十名最高票入選的老師中，七位是歐美名校的教授，入選的只有三位華人教授，而臺大獨佔其二。曾經，在票選五十門最佳MOOC時，臺大領先各校，有七門課程入選。臺大的MOOC課程對於華語世界的教育，做出了深遠的貢獻。

臺大MOOC課程得以在華語世界有這樣的影響力，我認為世浩所開授的課

程所造成的巨大迴響，絕對功不可沒。身為華語世界的MOOC主要推廣者，我打從心底感佩世浩。因為世浩的MOOC課程影響華語世界的深遠程度，是我自嘆不如的，從下面這個故事便能看得出來。

二〇一四年九月我應邀去北大演講，臺大MOOC團隊的楊韶維經理也陪同參與。由於入住的飯店不同，所以當天晚上在活動結束後便各自叫計程車回飯店。幾天後韶維看到我便很急切的說：「老師，我一定要跟你說那天我們分頭坐車後所發生的故事！」我點頭請他說，他便開始敘述當晚所發生的事。

「在當天活動結束後，我招了一台計程車，司機是一位六十歲左右的大叔。大叔問要去哪，我說了飯店的名字。可能是因為腔調一聽就不是大陸的口音，所以大叔就問我從哪來的。我說我是臺灣來的。司機大叔接著問我，在臺灣是做啥的？我告訴他，我在臺灣大學負責製作臺大Coursera的線上課程。結果，司機大叔突然變得很興奮，很熱切的說：臺灣大學Coursera我知道！我有在網路上看過你們臺大呂世浩老師的『秦始皇』課程！」

一所偉大的大學對社會的貢獻，不該僅是看世界排名。在一個都市隨手叫車而司機說曾被學校所製作的線上課程深深啟發，我個人認為，這才是一所好大學、好老師對社會的真正影響力。

過去幾年，我們看到世浩的課程，讓全球華語世界數以十萬計的學生，重新體認到歷史是老祖宗留給我們增進智慧、啟發思辨的寶貴資產；他改變了許多人對於歷史的認知，讓大家瞭解到學歷史應重思辨，而非記憶背誦。如今透過將他的教學思維、理念文字化，我相信一定能讓更多人得到更深刻的啟發。

透過他的MOOC課程、他的書，讓這麼多人喜歡歷史、重新看待歷史，世浩所做的一切，正在寫下歷史。這麼一位好老師，值得你好好認識！

推薦序——

人生充滿了抉擇

【國立政治大學講座教授・博雅書院總導師】 錢致榕

平安文化寄來呂世浩教授新著《敵我之間》。我對呂教授的著作及視頻，通常都是愛不釋手，一口氣看完，但是這次卻花了兩週的時間才分次看完。原因是這本書寫的是征戰不休動則坑投降卒數萬的戰國時代，作者把背後的陰謀詭計分析得無懈可擊，道盡人性奸險計謀的一面，使人初讀時有沉重抗拒的感覺。但是細讀之後，覺得受益匪淺。

這本新書，半部在講史記的〈李斯列傳〉，後半部寫趙高、胡亥、燕丹、荊軻等人。著者逐字逐句地分析，把那群雄逐鹿、弱肉強食時代的奸險詭詐分析得透徹淋漓。他從人性本質及時代背景切入，刻畫出每人當時的思維、行動。並且用他特有的手法，邀請讀者參與判斷。推測模擬劇中主人翁的思維及反應，把讀者深深地捲入兩千多年前的勾心鬥角；讓每一行都變成一場思辨之旅。當我們逐字逐句的閱讀思考劇中主人翁的抉擇時，不知不覺用他們的智慧及愚蠢，磨利了我們的智慧之劍。這是呂教授的獨到之處。

我常覺得，目前流行的急功近利的風氣，商界崇拜蓋茲、賈伯斯，學界忙著學哈佛、劍橋的風氣，都膚淺不足取，鮮有成功的。原因是任何一個成功，都是一連串客觀因素及主觀抉擇的組合，缺一不可，所以很難複製別人的成功。我寧可研究別人的失敗，因為失敗常常是由於抉擇判斷的錯誤。如果我們能夠慎思明辨避免別人一半的錯誤，成功的機會就大大增加。所以遇到困難，與其抄近路學他人而失敗，不如仔細分析自己的問題及資源，判斷摸索出解決方案。路雖長些，成功把握卻大一些。三十年前台灣的經濟起飛，就是這麼自立更生、腳踏實地闖出來的；今天急功近利的浮躁之風，導致很多方面的困境。

這種抉擇判斷的能力，通常都是在面臨困境時掙扎思考時磨練出來的。這就是為什麼過去貧苦人家的孩子，常比養尊處優的富家子弟有出息的原因。但是近數十年來，由於經濟條件的改進，以及迷信明星學校造成的考試壓力，孩子們在家很少有機會或需要掙扎努力，因而失去了磨練選擇、判斷能力的機會。而二十一世紀正面臨了空前的變化及機遇，充滿了抉擇。當缺乏思辨的能力時，就使人徬徨困惑。所以如何訓練年輕人慎思明辨的能力，是今天教育的當務之急。

《敵我之間》是一場思辨之旅，作者把我們帶回兩千三百年前，仔細分析那時歷史舞台上各人的勾心鬥角，磨利了我們的智慧之劍。歷史有光明的一面，但光明的背後，常常也充滿黑暗，無法避免。人生充滿抉擇，有時為了完成一個遠大的目的，我們必須選擇和壞人打交道，甚至合作。作者將我們熟悉的幾段歷史的光明和黑暗面都分析呈現出來，讀了這本書，時人不禁省思兩件事：第一，為了達成眼前的目的而使用種種不道德的手段，和道德敗壞的人合作，最後會有什麼結局？第二，因為一時的情感意氣，而非長遠的理智來做選擇，最後會帶來什麼後果？這對我們做人處事，有很大幫助。

做為一位史學家，作者希望古為今鑒，在走完這思辨之旅後，他想把年輕人帶到光明的未來，所以他在〈結語〉中勉勵年輕人在志氣消沉時，要想到孔子苦學成功、秦國興起、及張良滅秦的例子，勉勵讀者「舜何人也？予何人也？有為者亦若是。」值得年輕人深思。

《敵我之間》用歷史教我們如何抉擇，是一本難得的好書，值得深思細讀。

二〇一五年七月七日於木柵隨心廬

目錄

前言 歷史如何被寫成？ 012
【秦始皇的臣子】
第一章 詬莫大於卑賤，悲莫甚於窮困 014
第二章 李斯的選擇 045
第三章 為之奈何？ 078
第四章 吉凶從何而來？ 112
【秦始皇的敵人】
第五章 將情感放在理智之上的結果 144
第六章 如何刺殺秦王？ 175
第七章 一個注定失敗的計畫 200
第八章 世上到底有誰愛你？ 225
結語 我們為什麼要學歷史？ 253

前言——

歷史如何被寫成？

這是我所撰寫關於秦國的第三本書，這本書的內容有點特別，我想談談關於秦始皇的臣子們和敵人們。

「不識其君，則視其使」，要知道領導人是個什麼樣的人，最好的方法就是看他最喜歡用什麼樣的人。本書中將談到李斯、蒙恬、蒙毅、趙高等人物，這些人與秦朝的興亡有著密不可分的關係。當然，在裡面影響最大，也是始皇一生最重用的人，那就是李斯。因此本書的前半部，將以討論李斯的生平做為主線。

而一個人的成功和失敗，除了看他本人的條件外，還要看他碰上了什麼樣的對手。在本書的後半部，我將以燕太子丹和荊軻為例，讓各位明白為何秦始皇能輕易的統一天下。有時不是始皇太聰明，而是他的敵人實在太過愚蠢。

看起來是夥伴的人，卻可能讓你失敗；看起來是敵人的人，卻加速了你的成功。敵我之間，如此難辨，從歷史的觀點來看，其中的關鍵究竟何在？

此外在本書中，我還想帶領各位進入史學家的世界。歷史上所記的東西，到底從何而來？一個史學家，又是如何處理史料？在本書的前半部，各位將觀察在《史記》一書中，關於李斯、蒙恬、蒙毅、趙高、胡亥等人彼此迥異的記載；而在本書的後半部，各位還將接觸正史與野史的種種不同之處。

希望在這樣一本歷史入門書中，同樣能讓各位體會到歷史的有趣和有用之處。

第一章——詬莫大於卑賤，悲莫甚於窮困

要了解一個人，光是看他本人的生平是不夠的。因此在前面兩本書《秦始皇》和《帝國崛起》中，我們還看了始皇生長的家族，因為這對他的性格和觀念影響甚鉅；我們看了始皇的孩子如何，因為身教重於言教，孩子往往反映了這個人不為人知的一面。

除此之外，任何事業都不是一個人就能完成的，我們還得看看跟這個人一起共創事業的夥伴們，都是一群什麼樣的人。而一個人能否成就事業，還和他的對手是什麼樣的人，也關係密切。而這兩方面的內容，正是本書的重點。

當然，由於本書篇幅有限，不可能將秦始皇周圍所有的人都一個一個分析清楚。如果有足夠的資源，我也很樂意每一個都談。在此限於篇幅，只能挑最重要的幾個人來談。而始皇的臣子之中，最重要的莫過於李斯，因此本書前

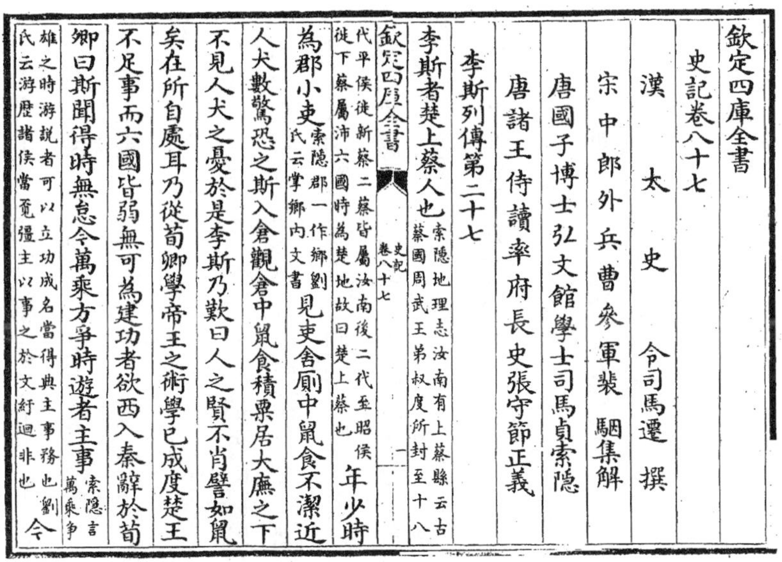

欽定四庫全書
史記卷八十七
漢　太　史　令司馬遷　撰
宋　中郎外兵曹參軍裴　駰集解
唐國子博士弘文館學士司馬貞索隱
唐諸王侍讀率府長史張守節正義
李斯列傳第二十七
李斯者楚上蔡人也索隱地理志汝南有上蔡縣云古蔡國周武王弟叔度所封至十八
欽定四庫全書　史記卷八十七
代平侯徙新蔡二蔡皆屬汝南後二代至昭侯徙下蔡屬沛六國時為楚地故曰楚上蔡也年少時
為郡小吏索隱郡一作鄉劉氏云掌鄉內文書見吏舍廁中鼠食不潔近
人犬數驚恐之斯入倉觀倉中鼠食積粟居大廡之下
不見人犬之憂於是李斯乃歎曰人之賢不肖譬如鼠
矣在所自處耳乃從荀卿學帝王之術學已成度楚王
不足事而六國皆弱無可為建功者欲西入秦辭於荀
卿曰斯聞得時無怠今萬乘方爭時遊者主事索隱言萬乘爭
雄之時游說者可以立功成名當傳典主事務也劉氏云游歷諸侯當覓彊主以事之於文紆迴非也令

●《史記‧李斯列傳》

半部就將以他為主軸。

本書關於李斯生平的敘述，主要出自於《史記》的〈李斯列傳〉。各位要知道，《史記》裡如果專門為一個人立傳，就證明在太史公的心中，這個人在歷史上具有非常重要的地位。

李斯的地位真的那麼重要嗎？當然重要！因為秦的滅亡，與李斯有著最密切的關係。我們先來看看，李斯到底是個什麼樣的人？

李斯者，楚上蔡人也。

太史公開宗明義就告訴大家，李斯其實是個楚國人。但一個楚國人，為什麼最後竟然會成為秦國的宰相呢？

如果看過我的前一本書《帝國崛起——一場歷史的思辨之旅2》的朋友就會知道，當年秦國的祖先被周人強迫遷移到蠻荒的西方去抵禦戎狄，這樣的環境固然造就了秦人富有血氣的戰鬥性格，卻也使得秦人缺乏文化的積累，在治理國政方面，不得不依賴東方六國的人才。因此秦國長久以來一直有著重用外國人治國的傳統，例如百里奚是外國人、蹇叔是外國人、商鞅是外國人、張儀是外國人、范雎是外國人、呂不韋是外國人，而到了李斯也是外國人。

年少時，為郡小吏。

李斯年輕的時候，其實是楚國一個郡中的小吏，用現在的話說，也就是地方政府的小公務員。

見吏舍廁中鼠食不潔，近人犬，數驚恐之。

太史公敘述李斯的生平，是從一個小故事開始的。有一次李斯在公家機關的廁所中看到老鼠，這些老鼠專門吃不潔的食物。這是理所當然的，廁所裡頭還有什麼好東西可以吃？同時因為廁所中常常有人和狗經過（身為現代人，很難想像人與狗進同一間廁所的畫面），因此廁所中的老鼠一天中常常要被驚嚇好幾次。

斯入倉，觀倉中鼠，食積粟，居大廡之下，不見人犬之憂。

可是有一次李斯到糧倉去，卻看到了完全不同的景象，糧倉裡的老鼠每天都吃得飽飽的。因為糧倉裡最多的是什麼？當然就是糧食。而且糧倉裡很少有人和狗經過，因此糧倉裡的老鼠每天吃著美味的糧食，舒適地居住在寬廣的屋子裡，不必擔心人和狗的打擾。

於是李斯乃歎曰：「人之賢不肖譬如鼠矣，在所自處耳！」

各位請特別注意這個「歎」字，在《史記・李斯列傳》中，「歎」是最關鍵的一個字。李斯的一生共有四次嘆息，每次都是他人生的關鍵，最後終於哭泣，「歎」字緊緊地扣住了李斯的一生。因此各位要密切注意李斯每一次嘆息，都是在一個什麼樣的環境下。

李斯看到這樣強烈的對比，心有感慨，不禁嘆息的說：「人的賢能和不肖不就像老鼠一樣，就在他所處的環境而已！」

在這個世界上，人的成就有時相去甚遠。同一個人可能在沒有成功之前，講話被人稱之為「粗野」；等到成功之後，講話就被人稱之為「霸氣」。成為了人生勝利組後，做什麼似乎都是對的。這讓人不禁感慨，所謂賢能和不肖到底是由什麼原因來決定的呢？

請各位不妨捫心自問：在這個社會上，品德高的人，就一定能成功嗎？聰明的人，就一定能成功嗎？努力的人，就一定能成功嗎？事實上，並非如此。從歷史上來看，人是否能成功，除了自己本身具備的能力外，還在於他所處的環境。這就是人為何要慎選環境的原因，荀子說得好：「蓬生麻中，不扶而直；白沙在涅，與之俱黑。」能夠超越環境的人不是沒有，只是實在太少了。

如果你不能改變所處的環境，那你的一生往往就在這個環境中，被它所拘束、被它所困厄，你很難改變、擺脫自己原有的命運。所以人如果要改變自己的命運，就要去找一個能夠實現希望的好環境。但問題來了，很多人都想改變自己所處的環境，可是辦得到嗎？

你想去好的環境，但好的環境就一定會要你嗎？你想去世界前幾大企業工作，世界前幾大企業就一定會聘請你嗎？

那該怎麼辦呢？各位還記得我在前兩本書中說的，這個社會就是「需要」和「有用」。如果你希望到一個理想的新環境去，你就要問這個環境需要什麼樣的人？針對它的需要，你是不是有用？說得更清楚一點，你想要改變你所處的環境，第一步就是改變你自己。如果你不能讓自己成為好環境需要的人，你永遠不可能到那個環境去。

李斯不願意一輩子做一個地方的小小公務員，而他也明白想要改變所處的環境，就必須先改變自己。但是人要怎麼樣才能改變自己呢？只有一個字：「學」！古人說：「不學無術」，反過來想，只要你肯學，就會有術。只有學習和教育，才能真正改變一個人。

乃從荀卿學帝王之術。

李斯是個聰明人，既然要學，就要找最好的老師學。在他所生的那個時代，也就是戰國晚期，他所能找到天下最好的老師就是荀子。學什麼呢？學「帝王之術」。

「卿」是尊稱，荀子曾在當時天下學術最興盛的齊國，三次擔任祭酒，這個位置非德高望重者不能擔任。後來祭酒也被沿用下來，成為中國古代最高的學職。

什麼是帝王之術？用今天的話來說，就是統治的方法。什麼樣的人會需要統治之術？當然就是統治者。於是李斯便可藉由幫助統治者成就真正的帝王，來替自己的人生開闢一條康莊大道。

學已成，度楚王不足事，而六國皆弱，無可為建功者，欲西入秦。

人就怕學不成，一旦你「學已成」，把自己確實提升到一個前所未有的新高度之後。那接下來就不是環境挑你，而是你挑環境了。為什麼呢？因為你有用，而人家需要啊！

荀子像

因此學成之後，接下來就請你慎選環境。有些人才學出眾，但他不懂得挑環境，甚至挑錯了環境，一生照樣沒有出頭之日。舉個例子來說，名臣百里奚在出仕秦穆公之前便是如此，他一共挑錯了三次環境。

第一次，他打算出仕齊國的國君無知，幸好好友蹇叔勸他別去。無知本來靠弒君自立，不得人心，後來果然被殺，齊國爆發內亂。如果百里奚當時成為無知的臣下，就可能捲入這場大難之中。

第二次，他打算出仕周室的王子穨，好友蹇叔又勸他別去。王子穨把周天子趕走，自立為王；後來列國聯軍勤王，又把王子穨殺了。如果百里奚當時成為王子穨的臣下，就可能一起被誅殺。

第三次，他打算出仕虞國的國君，好友蹇叔又勸他別去，但這次他不聽蹇叔的話。後來虞君為了貪圖晉國送來的寶馬玉璧，借道讓晉國的軍隊伐虢，等虢國滅亡後，晉國就順便把虞國也消滅了，百里奚成為階下之囚，然後淪為奴隸。

幸好百里奚後來被秦穆公重用，在秦國大展所長，這才改變了他自己的命運。

依照前面兩本書的慣例，在這裡請各位把書蓋上：

如果你是李斯，你已跟隨荀子學成了帝王之術。在戰國七雄之中，你會選擇到哪一個國家去？

按常情推測，不管是由愛國心或對環境的熟悉程度來看，大多數人應該都會選擇自己的祖國，也就是楚國。楚國也是南方大國，如果真的好好振作，未必不能打敗秦國。

可是，「楚王不足事」啊！楚王的條件，並不足以讓人事奉他。在這個時代，「君擇臣，臣亦擇君」，這就是商鞅當年為什麼要反覆試探秦孝公的原因。《孫子兵法》所謂七計中，以「主孰有道」為第一要件，就是因為碰上無道的領導者，任你有千種智謀、萬般本事，他不聽，你也是要失敗的。

楚國是當時東方六國之一，楚國尚且如此，其他國家就更糟了。韓、魏屢次敗於秦國，基本上是苟延殘喘。趙國在長平之戰後，燕國在子之之亂後，齊國在諸國入侵後，基本上都已元氣大傷。因此對於一心建立功名的李斯來說，就只剩下一個選擇。

秦國！當然只有秦國！

這是當時的天下第一強國，而且此時正處秦國統一天下的前夕，可說是千載一時的良機。

我每次讀這段歷史都常常在想，當時有這種想法的人絕對不只李斯一個，光是《史記・秦始皇本紀》所記載的就有齊國人茅焦和大梁人尉僚。天下有這麼多人才，日夜奔向秦國，秦國怎能不強大！

李斯認為只有在秦國，才能實踐他的理想、他的抱負，得到他所想要的東西，所以他毅然決然的西入強秦。李斯到底想要什麼？是要在歷史上留名嗎？不是。是要讓天下免於戰爭之患嗎？不是。他一生從頭到尾，想的就只有一個目標，就在他向老師荀子辭行時所說的話中，表達得一清二楚。

辭於荀卿曰：「……故詬莫大於卑賤，而悲莫甚於窮困。久處卑賤之位，困苦之地，非世而惡利，自託於無為，此非士之情也。故斯將西說秦王矣。」

在李斯來看，再沒有比地位卑賤更讓人覺得羞恥的事，再沒有比窮困更讓人覺得悲哀的事。所以李斯要什麼？他要的就是名利地位，他要的就是榮華富貴，他一生奮鬥的目標就是這個。

李斯認為，一個人長久處在卑賤的地位、困苦的環境，卻只知非議世人勢利，擺出輕視財富的模樣，還要說：「不是我能力不如人，是我不屑去做而已」，這不是一個有志之人的心態。因此李斯跟老師說，他將到西方去遊說秦王。

從這個故事你們可以看到，在李斯的心中，名利富貴比什麼愛國之心都重要。他到秦國去，將來就準備對付自己的國家，而他心中一點惋惜遲疑都沒有。各位就可以看出，這個人的心性到底如何。

說真話，李斯的目標說穿了就是想要富貴，也是今天大多數人的目標，其實無可厚非。但人用盡一生只為了追求富貴，到底是對還是錯呢？或者說，追求富貴應該用什麼樣的手段呢？歷史學不講空話，任何道理都必須用具體的事例來加以驗證。我們就來看看，以李斯這樣的才智，用李斯這樣的方法，最後終究會得到什麼樣的結果。

至秦，會莊襄王卒，李斯乃求為秦相文信侯呂不韋舍人；不韋賢之，任以為郎。

李斯原本打算西說的秦王，是秦始皇的父親莊襄王。但計畫趕不上變化，他到秦國的時候，莊襄王剛好過世了。

莊襄王過世了，繼位的秦王政才十三歲，尚未親政。當時秦國全國權勢最大的人是誰？就是丞相呂不韋。於是，熱中名利的李斯立刻投入呂不韋的陣營中，成為他的門客。呂不韋發現這個人的才能非常高，因此任命他為郎官，隨侍年輕的秦王左右。

李斯因以得說，說秦王曰：

正因能夠隨侍秦王，李斯日後才有機會向秦王進言。

如果你是李斯，現在終於來到了秦王的身邊，有機會向他展現自己的才華，請問你第一件事想說什麼？

人和人的相遇，第一印象往往極其重要。秦王身邊難道沒有其他的人才嗎？當然有。因此對李斯來說，機會可能只有一次。而遊說對方的真正重點，永遠不是你想說什麼，而是對方想聽什麼。

「……昔者秦穆公之霸，終不東并六國者，何也？諸侯尚眾，周德未衰，故五伯迭興，更尊周室。

李斯提出，當年秦穆公稱霸，最後卻沒有辦法東出併吞六國，究竟是什麼原因呢？這不是「人」的問題，而是「時」的問題。當時天下諸侯勢力尚多，周天子也還有號召力，所以先後有霸主出現，聚集天下諸侯尊王。如果當時的秦國貿然想要奪取天下，最後必然會招來列國圍攻的失敗結局。

自秦孝公以來，周室卑微，諸侯相兼，關東為六國。秦之乘勝役諸侯，蓋六世矣。今諸侯服秦，譬若郡縣。

但現在時代已經不一樣了，從秦孝公重用商鞅變法強秦以來，環顧天下，周天子已經沒有任何號召力，諸侯彼此兼併僅剩六國。秦國屢戰屢勝，諸侯都得向秦低頭，這樣的局面已有六代了。現在諸侯對秦的服從態度，猶如秦國才是中央政府，而諸侯只是地方官吏。

看到這裡，不由得讓人產生疑問。既然如此，秦國統一天下已是鐵板釘釘的事實，還有什麼好說的呢？而這正是李斯的重點。

夫以秦之彊，大王之賢，由灶上騷除，足以滅諸侯，成帝業，為天下一統。此萬世之一時也，今怠而不急就，諸侯復彊，相聚約從，雖有黃帝之賢，不能并也。」

李斯認為，此時以秦國的強大和秦王的賢能，對付東方六國就好像拿著掃把掃除灶上的灰塵一樣簡單，足以盡滅諸侯，成就帝業，統一天下。但這樣的好機會稍縱即逝，如果自以為秦國太強，就覺得不用擔心，大意懈怠而不急著完成統一的話，一旦等到東方六國又出現了賢明的君主而重新強大，再次聯合起來，到時要以一國來對付六個國家，就算你有黃帝一般的賢能，也不可能兼併天下了。

為什麼？因為如果你賢能而人家也賢能，別的國家不會甘心被你征服奴役。今天他們抵擋不了秦國，不過就是因為各國現在沒有好的領導者，才會人心喪盡。而此時秦國卻剛好有以強臨弱的形勢，加上賢明的領導者，這真是「萬世之一時」啊！

李斯清楚地看出了秦王的志向，捕捉到他的需要。各位看看這段話，不但說中秦王的目標（滅諸侯，成帝業），說中當今的危機（怠而不急就），還提出了解決的方法。解決的辦法是什麼？就是一個字「快」！趕快把握這萬世一時的良機，完成統一天下的事業，因此他說服了秦王。

秦王乃拜斯為長史，聽其計。

秦王立刻任命李斯為自己的秘書長，為什麼呢？因為秦王明白，這是一個和他有相同志向，又有足夠聰明才智的人物。像這樣的人物，秦王怎麼能不用？

接下來，秦王便聽從李斯的計謀。什麼樣的計謀呢？

陰遣謀士齎持金玉以游說諸侯。諸侯名士可下以財者，厚遺結之；不肯者，利劍刺之。離其君臣之計，秦王乃使其良將隨其後。

看過《秦始皇——一場歷史的思辨之旅》的朋友們，還記不記得這一套辦法？這一套辦法，就和尉繚想出來的一樣。尉繚當初建議秦王：「願大王毋愛財物，賂其豪臣，以亂其謀，不過亡三十萬金，則諸侯可盡。」但他後來不願助紂為虐，因此被秦王架空，他的計策就交給李斯來執行。

而李斯卻把尉繚原來的辦法又做了改良，尉繚只說了以財物賄賂六國豪臣，因為送錢是對大部分的人最有用的辦法。但總有少部分的人是錢解決不了的，這種人該怎麼辦？

而李斯改良的辦法就是，派刺客把不肯收錢的人立刻殺掉！因為死人就沒有辦法再發揮影響力了。此外，再想辦法離間各國的君臣，讓他們彼此懷疑，國家更加混亂不安。

既然要「快」，因此光是收買、刺殺、離間還不夠，只要對方陷入混亂，秦國就馬上派良將率領軍隊，趁對方還沒來得及反應的時候，立刻攻打對方，這樣統一大業就可以成功。

秦王於是拜斯為客卿。

秦王對李斯的辦法實在是太喜歡了！李斯執行得實在是太好了！於是秦王任命他為客卿。其位為卿，而以客禮相待。李斯在秦國，可以說是一帆風順。

但人生總有他意料不到的事情，這一年發生了一件足以影響李斯去留的重大事件。

會韓人鄭國來閒秦，以作注溉渠，已而覺。秦宗室大臣皆言秦王曰：「諸侯人來事秦者，大抵為其主游閒於秦耳，請一切逐客。」李斯議亦在逐中。

韓國由於位在秦國東出中原的要道上，常常被秦國所侵攻。韓國苦不堪言，因此想出一個陰謀，就是讓一位名叫鄭國的工程師，向秦王提出一個規模巨大的關中水利灌溉計畫，「令鑿涇水自中山西邸瓠口為渠，并北山東注洛三百餘里，欲以溉田」。這個計畫將會損耗秦國大量的人力物力，讓秦國疲於工程，無力東出。

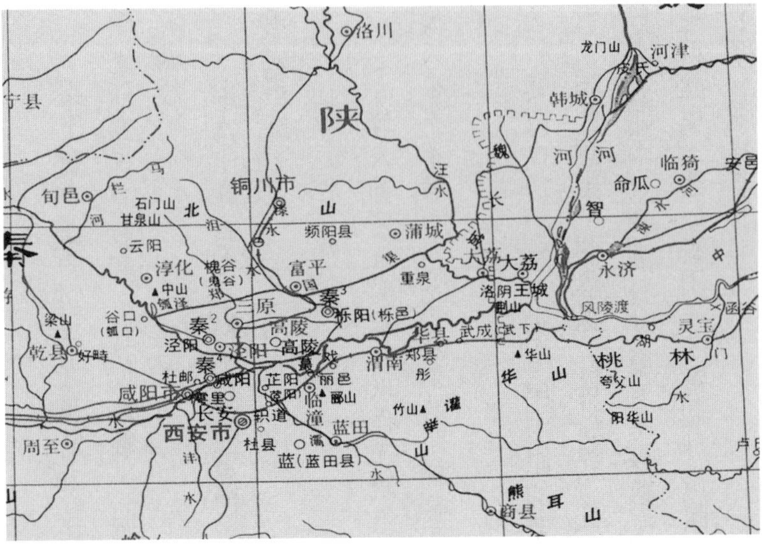

●鄭國渠示意圖

關於這個計策的利弊得失，我在前面的書中已經提過了，這裡就不再贅言。但無論如何，這個陰謀卻被秦國人發現了。因為這次鄭國的間諜案，秦國的宗室大臣都主張：「東方六國來秦國出仕的人，全部都是各國派來的間諜！應該把這些人，通通都趕出秦國！」

等等，鄭國是間諜，不代表所有在秦國出仕的外國人都是間諜吧？按照這個邏輯，難道百里奚是間諜？難道蹇叔是間諜？難道商鞅也是間諜？

其實外國人是不是間諜，根

本就不是重點。重點是，歷代秦王不斷重用外國人，這些秦國的本土勢力早就深懷不滿。這些大臣們表面提出的理由是，只要不是土生土長的秦人，就不會愛秦國，更不可能真心效忠秦國，當然應該把這些外來人趕走。實際上，如此一來，所有的權位自然都會回到秦國本土勢力的手中。

其實一切都只是藉口，本質上不過就是爭權奪利而已。

但是別忘了，李斯也是外國人，他來自楚國，自然也在逐客之中。但如今的李斯，已經踏上了飛黃騰達之路，他當然不願離開秦國。

試問：如果你是李斯，這一刻你該怎麼辦？能夠改變你命運的只有秦王，但他也背負了巨大的壓力，你要如何說服秦王來挽救你的命運？

提出過去的恩情，苦苦哀求？

請對方拿出良心，訴諸正義公理？

在這一刻，這些都是沒有用的。要說服對方最好的辦法只有一個，就是讓對方相信，留下你比趕走你，對他更有利！

於是李斯就上了一封奏書給秦王，這就是歷史上鼎鼎大名的〈諫逐客書〉。

乘勝役諸侯蓋六世矣正義秦孝公惠文王武王昭王孝文王莊襄王今諸侯
服秦譬若郡縣夫以秦之彊大王之賢由竈上騷除集解
徐廣曰騷音掃索隱言秦欲并天下若炊婦掃除竈上之不淨不足為難也足以滅諸侯成
帝業為天下一統此萬世之一時也今怠而不急就諸
侯復彊相聚約從雖有黃帝之賢不能并也秦王乃拜
斯為長史聽其計陰遣謀士齎持金玉以游說諸侯諸
侯名士可下以財者厚遺結之不肯者利劍刺之離其
君臣之計秦王乃使其良將隨其後秦王拜斯為客卿

欽定四庫全書　史記　卷八十七　三

會韓人鄭國來間秦以作注溉渠正義鄭國渠首起雍州雲陽縣西南二十五里自中山西邸瓠口為渠傍北山東注洛三百餘里以溉田又曰韓苦秦兵而使水工鄭國間秦作注溉渠令費人工不東伐也已而覺秦宗室大臣皆言秦王曰諸侯人來事
秦者大抵為其主游間於秦耳請一切逐客索隱一切猶一例言盡逐之也言切者譬若利刀之割一運斤無不斷者解漢書者以一切為權時義亦未為得也李斯議
亦在逐中斯乃上書曰正義在始皇十年臣聞吏議逐客竊以
為過矣昔繆公求士西取由余於戎東得百里奚於宛
索隱秦本紀云晉獻公以百里奚為秦繆公夫人媵於秦奚亡走宛楚鄙人執之是也正義新序云百里奚楚

●《史記·李斯列傳》中記載李斯上呈鼎鼎大名的〈諫逐客書〉

斯乃上書曰：「……今乃棄黔首以資敵國，卻賓客以業諸侯，使天下之士退而不敢西向，裹足不入秦，此所謂『藉寇兵而齎盜糧』者也。

李斯是怎麼說的呢？他對秦王說，現在將六國來的人才賓客全部趕走，這些人就只能去他國為諸侯們所用。如此則天下之士不敢西向入秦，而六國卻得到了大量人才，這不等於是送給盜寇兵器和糧食，幫助敵人來傷害自己嗎？

夫物不產於秦，可寶者多；士不產於秦，而願忠者眾。

他又說，天下的貨物有很多不是秦國出產的，卻都值得珍惜；天下的人才有很多不是秦國土生土長的，卻都願意效忠秦國。當然，各位會覺得怎麼可能呢？不是你國家的人怎麼可能真正效忠你呢？

當然可能，今天的美國不就是這個樣子嗎？世界各地有那麼多的人，一生最大的願望就是希望能夠移民美國，在美國過上好日子。甚至不惜偷渡、跳船、假結婚、偷生孩子，用盡各種合法非法的手段，也要拿到綠卡，爭前恐後加入美國公民，這都是各位所熟知的。這不就是「士不產於美國，而願忠者眾」嗎？古今都是如此，又有什麼好奇怪的。

說真話，來秦國的這些外國人，當然都不是為了愛國而來的。講穿了，如果他們愛自己原來的國家，他們就不會來秦國了。這些人千里迢迢來秦國做什麼？不過就是為了取得功名利祿，希望追求更好的生活而已，這就是他們效忠秦國的原因。

今逐客以資敵國，損民以益讎，內自虛而外樹怨於諸侯，求國無危，不可得也。」

秦王不是想統一天下嗎？想要統一天下，就必須讓秦國越來越強大，而別的國家越來越衰弱。但今天你卻要把原本可能是你臣民的人才趕走，讓自己一天比一天衰弱，卻讓你的仇敵一天比一天更加強大，這不就是「內自虛」嗎？

而這些被你趕走的人才，個個心中必然對秦國懷抱怨恨。這是理所當然的，誰會對趕自己走的國家沒有怨恨的？而這些人才將來在各國中，如果登上了高位，執掌了大權，必然會想要報復秦國。這樣的話，現在的逐客就等於是在樹立一個個對秦國有怨恨的仇敵，這不就是「外樹怨」嗎？

「內自虛而外樹怨」，不但在外面樹立了更多的敵人，更使得內部因為缺乏人才而衰弱，「求國無危，不可得也」。秦國當年如果真的逐客，那麼不要講完成統一天下的事業，秦國能不能保住原本的強大都是個問題。

中國人自古認為，想要爭奪天下，就必須先爭奪人才。楚漢之爭，項羽一開始明明強於劉邦，為何最後卻是劉邦獲得勝利？其中固然有各種原因，例如時代的原因、階層的原因、地域的原因等等。但在傳統的觀點來看，最重要的原因只有一個，就是「用人」。韓信、陳平、張良都曾先後在項羽底下做過事，而項羽既不能用他們，又不能殺他們，最後還把他們拱手讓給敵人去用，從這一點就可以知道項羽必敗。

秦王乃除逐客之令，復李斯官，卒用其計謀。官至廷尉。

李斯再一次地說服了秦始皇，不但逃過了被趕走的命運，還讓自己的官運更加亨通。從這裡就可以看出，說服人最重要的事情，就是要清楚掌握那個人到底想要什麼。秦始皇年輕時一心想要的，就是完成統一天下的歷史偉業，誰能幫他做到這一點，他就聽誰的。不管什麼樣的阻礙，都要為這個目標讓路。

而從鄭國的結局，也可以看出這一點。秦王本來想殺鄭國，但鄭國卻對秦王說：「始臣為閒，然渠成亦秦之利也。」什麼意思呢？鄭國的意思就是，他雖然是真的間諜，但也是真的水利工程師啊！這個計畫不是假的，完成後真的對秦國有利。最後秦王不但讓鄭國完成了這個灌溉計畫，還將它命名為「鄭國渠」。這才是包容天下人才的胸襟，關中也因此成為年年豐收的沃野。

李斯因為清楚秦王想要什麼，所以他的勸說才能成功。但這個故事同時也讓我們知道，一旦被人清楚掌握了你要什麼，人家要說服你就太容易了。

二十餘年，竟并天下，尊主為皇帝，以斯為丞相。夷郡縣城，銷其兵刃，示不復用。使秦無尺土之封，不立子弟為王，功臣為諸侯者，使後無戰攻之患。……收去詩書百家之語以愚百姓，使天下無以古非今。明法度，定律令，皆以始皇起。同文書。治離宮別館，周遍天下。明年，又巡狩，外攘四夷，斯皆有力焉。

想必各位都很熟悉這些史事，在此就不再多說。可是請各位注意最後這五個字：「斯皆有力焉」。什麼意思？這一段就是告訴各位，秦始皇所做的好

●項羽像

事都和李斯有關係，但秦始皇做的每一件壞事也都和李斯有關係。秦始皇一生的功過，可以說是與李斯密不可分，李斯絕對脫離不了關係！

按現代史學的寫法，李斯既然有這麼多功業，當然應該詳加描述。但太史公並不如此，他對李斯的功業輕描淡寫，卻對他的心路轉折大加詳述，因為這才是他的重點。

李斯得到了秦始皇如此信用，甚至任命他擔任丞相，在秦朝可以說是一人之下、萬人之上。我們再看看，下面會如何發展？

> 斯長男由為三川守，諸男皆尚秦公主，女悉嫁秦諸公子。三川守李由告歸咸陽，李斯置酒於家，百官長皆前為壽，門廷車騎以千數。

李斯的大兒子叫李由，李由是三川郡的太守。三川郡位於今日的洛陽盆地一帶，是周王東遷後的所在地，不僅富庶繁華，更是秦國東出之要道。始皇把這麼好的地方給了李斯的兒子去做郡守，可以看得出他對李家是何等寵信。

還不只如此，李斯家每一個兒子娶的都是秦的公主，李斯家每一個女兒都嫁給秦的公子。各位就看他家富貴到什麼程度！和秦宗室的關係密切到什麼程度！秦始皇喜歡他到什麼程度！

李由有一次剛好告假回到咸陽，李斯於是在家中舉行歡迎酒宴，朝廷所有的部會首長都來祝賀，門口的車騎多到數以千計（不知道李斯家附近怎麼會有這麼大的停車空間？）。這和今天的名流富豪結婚，飯店門口的豪華跑車可以排到幾條街以外是一樣的盛況。為什麼這裡不寫「百官」而寫「百官長」呢？因為位置低的官員還擠不進去！

看見這樣的盛況，李斯的心中又是做何感想呢？

李斯喟然而嘆曰：「嗟乎！吾聞之荀卿曰『物禁大盛』。

這是李斯一生的第二次嘆息，我們來看看他為什麼有如此深長的嘆息。

李斯說：「唉！我曾聽我的老師荀子說過：『物禁太盛』。」這是真正的中國思想，中國人相信什麼事物到了頂峰後，接下來就要衰落。盛極則必然是衰，所以當我們說一個人的一生已經走到頂峰的時候，就代表接下來他要走下坡了。

夫斯乃上蔡布衣，閭巷之黔首，上不知其駑下，遂擢至此。

「我李斯不過出身楚國上蔡街巷中的一個普通老百姓而已，皇帝陛下不知道我的資質其實駑下，將我拔擢到這樣的地位。」什麼地位？丞相的地位。這當然是自謙的話，秦始皇又不是昏君，你李斯還叫資質駑下的話，天下就沒幾個資質聰明的了。

當今人臣之位無居臣上者，可謂富貴極矣。

李斯又說，如今在秦朝已經沒有臣子的地位比我更高的了，「可謂富貴極矣」。富與貴不同，富是有錢，貴是有地位。記不記得前面跟各位說過，李斯一生的心願是什麼？他說：「詬莫大於卑賤，而悲莫甚於貧窮。」與卑賤相對的就是高貴，與貧窮相對的是富裕。而李斯不管在富和貴上，他都已經到達了一生的頂點了。也就是李斯一生的心願，這一刻通通都已經達成了。於是他開始感到擔心，擔心什麼呢？

物極則衰，吾未知所稅駕也！」

什麼叫稅駕？馬拉著車駕往前跑，越跑越快，越跑越快，怎麼樣才能夠把這個車駕給脫下來，讓這個車能夠停下來？李斯已經到了他一生的巔峰，可這匹馬還沒有停下來，他非常非常地害怕，不知道未來該怎麼辦？

當各位看到這裡可能會說，那還不容易，退了就退了吧，李斯大可以告老還鄉啊！各位想得太簡單了，李斯是一定不會這麼做的。

人要如何給自己留退路？我們可以從張良的例子中得到啟示。漢初三傑中，韓信冤死，蕭何曾經下獄，只有張良面對多疑猜忌的劉邦和呂后，卻能取得他們的信任，最後全身而退。

原因何在呢？當漢高祖取得天下、定都長安後，這時諸將人人爭功，希望得到更多更好的權勢財富時，張良卻做了三件事：

第一，表現自己身體不好，常常生病。

第二，宣告自己一心修仙，不關心人間的名利地位。

第三，他不只是說說而已，還閉關修練，杜門不出。

身體不好，就難以領軍為官。一心修仙，就代表對人間的名利沒有興趣。杜門不出，不和其他功臣往來，就少了無窮是非。當別人都只想到「進」的時候，只有張良已經想到了「退」，所以才能明哲保身。

「怎麼退」從來就不是大問題，問題是你真的「捨得退」嗎？

李斯這個人的心性，畢生所好就是富貴權勢。一個已經享受到富貴權勢的人，他怎麼可能輕易放手他擁有的一切？孔子曰：「君子有三戒：少之時，血氣未定，戒之在色；及其壯也，血氣方剛，戒之在鬥；及其老也，血氣既衰，戒之在得」。什麼是「戒之在得」？這是好聽的說法，其實就是「戒之在貪」！到了李斯這個地位，他怎麼可能輕易放手權勢？不要看他在那裡「嗟乎」，一副「喟然而嘆」的模樣，從以後發生的事情就可以看出，誰敢跟李斯搶權位，他就會跟誰拚命！

第二章——李斯的選擇

始皇三十七年十月，行出游會稽，并海上，北抵瑯邪。丞相斯、中車府令趙高兼行符璽令事，皆從。始皇有二十餘子，長子扶蘇以數直諫上，上使監兵上郡，蒙恬為將。少子胡亥愛，請從，上許之，餘子莫從。

這是秦始皇一生的最後一次出遊，這一次出遊改變了李斯的命運，也改變了秦朝的命運。我們先大致分析一下，當時始皇身邊群臣的背景。

始皇當時有兩個丞相，左丞相是李斯，右丞相是馮去疾。馮去疾的背景十分特殊，他的祖先叫馮亭，是韓國上黨（今山西省東南部）的郡守。秦昭襄王四十七年（西元前二六〇年），秦國攻打上黨，韓王打算割讓上黨求和。但馮亭卻堅決不接受韓王的命令，而是帶領上黨十七城投降趙國。馮亭為何這麼做？因為他知道秦國對上黨志在必得，希望趙秦相爭，讓韓國得以從中取利。

在上一本書說過，這是「移禍江東」的毒計。

馮亭此舉引發了趙國和秦國的長平大戰，此戰最後以趙國慘敗告終。被趙國封為華陽君的馮亭，也和趙國統帥趙括一起戰死在長平。照這樣看來，馮亭應該算是秦國的敵人才對，但說也奇怪，馮亭的子孫在秦滅六國後卻受到重用，如馮毋擇封武信侯、馮去疾為右丞相、馮劫為將軍。

可能因為這個緣故，始皇對李斯的信任遠在馮去疾之上。後人在史書中時常看見李斯在秦國發揮的重要作用，卻很少看到馮去疾的表現。而這一次的巡遊，始皇也決定帶李斯同行，而命令馮去疾留守。

此外，當時另一個最得始皇信任的人是中車府令趙高。怎麼知道始皇最信任他呢？因為始皇把發兵之虎符和掌政之玉璽，都交給趙高來管。

在武將方面，秦滅六國而功勞最大的是蒙氏和王氏。秦昭王時，蒙驁從齊國投奔秦國，此後為秦國立下累累戰功。到了秦王嬴政即位後，蒙驁故去，此時王氏的王翦和他的兒子王賁都受到秦王的重用，父子倆先後消滅了趙國、魏國、楚國和燕國。而王賁攻楚時，蒙驁的兒子蒙武便是他的副將。

蒙武的兒子叫蒙恬、蒙毅，蒙恬曾與王賁一同攻滅齊國，完成了統一事

●《藍田縣志》中記載的秦璽拓印二款，上刻：「受命於天既壽永昌」。

業。而後秦始皇命蒙恬帶領三十萬大軍北伐匈奴，取得了河套以南之地，從此蒙恬就在北方前線防備胡人入侵，一連屯駐了十餘年，而王賁的兒子王離便是他的副將。從蒙氏和王氏三代的情況，各位就可以看出兩家糾葛之深。

始皇非常信任蒙恬兄弟，不但讓蒙恬掌握大軍在外，更任命蒙毅為上卿，讓他隨侍左右參謀。因此蒙毅也跟隨著始皇，參加了這一次的巡遊。本來按這樣發展，秦朝有可能不會滅亡，但歷史卻走向了另外一條道路。

看過始皇的臣子們後，我們再看看他的兒子們。始皇一共有二十幾個兒子，但留下姓名的不多，其中最重要的是長子扶蘇和么子胡亥。始皇一生沒有立太子，這是當然的，因為他覺得自己會長生不死，長生不死的人是不需要太子的。

本來按照繼承順序，最有可能繼位的是扶蘇。但始皇不喜歡扶蘇，扶蘇在許多問題上都與始皇意見不同，又數次犯顏直諫。始皇氣得將他趕出咸陽，任命他為蒙恬的監軍，把他打發到遙遠的北方前線去。與此相反的是，始皇非常喜歡么子胡亥，這次巡遊就只帶著胡亥去，其他的兒子們都不得跟從。

立儲乃是國家之根本，根本不能確立，國家就要動盪，這在歷史上有著無數血淋淋的教訓。因此身為國君，絕不能輕易地顯露自己對兒子的偏愛。始皇在這一點上犯了大錯，以至於後來才會為人所趁。

其年七月，始皇帝至沙丘，病甚，令趙高為書賜公子扶蘇曰：「以兵屬蒙恬，與喪會咸陽而葬。」書已封，未授使者，始皇崩。

這年七月，始皇到了沙丘（今河北省邢台市平鄉縣），病得十分嚴重。他知道自己快不行了，於是命令趙高寫詔書，準備送去給長子扶蘇。詔書命令扶蘇把大軍交給蒙恬，然後和運送始皇遺體的車隊在咸陽相會，讓扶蘇主持他的葬禮。在封建宗法的時代，主持葬禮的人就是理所當然的繼承人，這也代表始皇要傳位給扶蘇。

在這一刻，始皇做出了正確的決定。但正確的決定是否就能獲得好的結果，必須看具體執行的人。歷史上很多時候，做好事未必有好的結果，關鍵就在於「委之非人」。

始皇這次真的委託了錯的人，他把這件事交給了趙高。因為趙高是「兼

● 春秋戰國時期的虎符

行符璽令事」，必須經過他在封泥上加蓋玉璽，才能做為正式詔書發出去。趙高寫好了詔書，也蓋上了玉璽，卻沒有交給使者發送出去。為什麼呢？因為趙高想等等看，看始皇會不會就在這幾天死去，他另有打算。

果然如趙高所料，始皇很快的就駕崩了。順帶一提的是，關於始皇駕崩的日期，《史記‧秦始皇本紀》說是「七月丙寅」，但後世學者考證出始皇三十七年七月沒有丙寅日，是八月才有。因此有的學者認為，太史公居然連當年七月沒有丙寅日都不知道，如此粗疏，真是一大敗筆。

但真是如此嗎？我們不妨想想，

太史公司馬遷是天文曆算名家，對後世影響深遠的「太初曆」便是由他所制定，他犯下這種錯誤的可能性有多高？秦漢之際的曆法，並不像今人所想的如此有序。許多地下出土文獻上所標示的日期干支，就明顯和後世史學家嚴密推算出來的結果不合，難道這些都要說是古人弄錯了？就算退一步說，當年七月確實沒有丙寅日。但試想，倘若你是史學家，看見前人記下錯誤的日期，你該怎麼辦？

改成正確的日期？問題是，你也不知道正確的日期是哪一天。

直接按自己的推測改寫？這種做法似乎也好不到哪裡去。

那就索性不要記下有問題的日期？失去這條線索，後人就根本無從考證起。

因此最好的做法就是，一方面將前人留下有問題的日期，原封不動的記下來（例如在〈秦始皇本紀〉中記「七月丙寅」），等待有朝一日能解決這個問題；一方面則適度的表達自己對這個日期的懷疑（例如在〈李斯列傳〉中只記「其年七月」，卻不寫詳細日期），這也就是中國古代史法中所謂的「疑以傳疑」。

> 書及璽皆在趙高所，獨子胡亥、丞相李斯、趙高及幸宦者五六人知始皇崩，餘群臣皆莫知也。

秦始皇駕崩了，但他的遺詔和玉璽此時卻都在趙高手中。丞相李斯決定隱瞞始皇帝的死訊，知道皇帝已經駕崩的，只有胡亥、李斯、趙高和在始皇身邊服侍他的五六名宦官而已，沒有其他任何人知道。

隱瞞始皇死訊正是李斯的主意。李斯為何要隱瞞始皇帝的死訊？在〈秦始皇本紀〉中，說他是因為「恐諸公子及天下有變，乃秘之，不發喪」。

試問：你認為在當時的環境下，李斯這樣的做法是否正確？

當時皇帝在外駕崩，李斯想要避免國家的動盪，從正面來看，這一點無可厚非。問題是，他可以隱瞞天下人，但有一個人他萬萬不該隱瞞。那個人是誰？那就是帝國的繼承人——扶蘇！

李斯為什麼要選擇隱瞞扶蘇？在〈李斯列傳〉中，太史公卻提供了有別於〈秦始皇本紀〉的另外一個理由。

李斯以為上在外崩，無真太子，故秘之。置始皇居輼輬車中，百官奏事上食如故，宦者輒從輼輬車中可諸奏事。

注意！這裡說的是「無真太子」，而不是「無太子」。按常理推想，始皇決定傳位給扶蘇，以李斯和秦始皇的關係，他不可能一點都不知道。而從後面的發展來看，李斯確實知道這一點。但他現在卻以「無真太子」為由，選擇隱瞞扶蘇，你就可以知道李斯心中其實不希望扶蘇繼位。

為什麼呢？因為扶蘇並不喜歡李斯。試想，扶蘇過去對始皇的種種作為有著諸多不滿，甚至不惜數次直諫。而始皇的種種作為，「斯皆有力焉」！扶蘇怎麼可能會喜歡李斯？而李斯怎能不擔心扶蘇繼位後自己的命運？

李斯為了隱瞞死訊，想出一個辦法，那就是將始皇的遺體放在輼輬車中，不讓人見到。「輼輬」其實就是「溫涼」，相傳這是一種百葉窗式的車子，所以冬溫而夏涼。李斯讓不知情的百官像往常一樣上奏，也像往常一樣將食物送進車中，而由宦官在車中代替始皇批准奏摺、吃掉食物。

這樣的計策乍聽之下很簡單，效果卻非常好。原因是始皇在世時，百官也只是接受他的命令，已經許久都沒有人敢提出質疑。這樣的計策所以能瞞天過海，這固然是始皇自己一手所造成的，但李斯懂得趁火打劫，其聰明可見一斑。

但自以為聰明的李斯卻不知道，他的用心已經被人看穿了。

趙高因留所賜扶蘇璽書，而謂公子胡亥曰：「上崩，無詔封王諸子而獨賜長子書。長子至，即立為皇帝，而子無尺寸之地，為之奈何？」

趙高私自扣留了始皇要賜給扶蘇的璽書，這是因為他一心希望胡亥能當皇帝。趙高曾經當過胡亥的老師，兩人關係很好；而他支持胡亥的另一個理由是，扶蘇和蒙氏的關係很好，但趙高卻與蒙氏有深仇。

趙高曾經犯下大罪，當時秦王政命令蒙毅來審理他。蒙毅鐵面無私，判處了趙高死刑，同時廢去趙高的官員身分。然而始皇卻因為趙高的辦事能力而赦免了他，還恢復了趙高的官爵。從此之後趙高因為對蒙毅的怨恨，一心想除掉蒙家報仇。如果始皇尚在，以始皇對於蒙氏兄弟的寵信，趙高絕對沒有機會報復。但如今始皇死了，趙高知道他等待已久的機會終於來臨了。

等等，各位可能會問，那蒙毅呢？他不是跟隨在始皇身邊巡遊天下嗎？怎麼會讓趙高施展這樣的奸計呢？答案是，蒙毅此時不在始皇的身邊。

始皇生病的時候，他命令蒙毅去名山大川進行祈禱，希望能夠在神力幫助下康復。蒙毅的離開，到底是始皇的一時糊塗，還是趙高運作的結果，後人已不得而知。但事實就是，蒙毅因為不在這裡，所以無法阻止趙高的陰謀。

趙高跟公子胡亥說：「皇帝駕崩，沒有留下封任何兒子為王的詔書，卻只有賜詔書給長子扶蘇。等長子扶蘇到了，就會被立為皇帝，你就只能當個庶民，該怎麼辦才好？」意思就是，等你的哥哥來了，天下馬上就會變成他的，而你連一絲一毫的好處都分不到，你難道甘心這樣嗎？

試問：如果你是胡亥，身為秦始皇最喜歡的兒子，你甘心嗎？聽到趙高這樣說，這一刻你會怎麼辦？

各位不妨猜猜，胡亥會有什麼反應？

胡亥曰：「固也。吾聞之，明君知臣，明父知子。父捐命，不封諸子，何可言者！」

胡亥的第一反應是：確實這樣沒錯啊！廢封建行郡縣，諸公子不封王而只能是庶民，這不是秦朝開國以來的國策嗎？

但他的心中，當然難免有一些憤慨。所以他才說「何可言者」（還有什麼好說的），因為「明君知臣，明父知子」，意思是始皇身為君父卻不封立他，遺令就是讓哥哥來繼位，他又能怎麼辦？胡亥心中的憤慨，無疑是給了趙高可乘之機，於是趙高接著勸說他。

趙高曰：「不然。方今天下之權，存亡在子與高及丞相耳，願子圖之。

趙高說：「不是沒有辦法的。現在能不能得到天下的大權，不過就在你、我和丞相三人一念之間而已，希望你好好想想。」為什麼是這三個人呢？因為現在趙高是主謀者，胡亥是他打算擁立的對象。但是請問各位：

始皇駕崩，目前巡遊在外的隊伍中，誰是掌握大權的人物？如果趙高的陰謀想要成功，誰又是最關鍵的人物？

答案當然就是李斯，李斯擔任丞相多年，皇帝在外駕崩，所有的命令不經過他承認，大家是不會相信的。說得更清楚一點，如果李斯反對，那麼趙高的陰謀就不可能成功。因此趙高提出決定此事的三個人中，必然要包括李斯。

李斯身為丞相，地位遠在趙高之上。但從趙高說這句話的口氣來看，他卻將李斯排到自己之後，對李斯何嘗有半分尊敬之心？趙高位居人上的意圖，尤可見於言表。

且夫臣人與見臣於人，制人與見制於人，豈可同日道哉！」

趙高又說：「而且使人臣服與臣服於人，宰制他人與被人宰制，豈可同日而語！」什麼意思呢？扶蘇一旦即位，胡亥你的生死禍福全部在你哥哥的一念之間了。你過去這麼受到始皇帝的喜愛，始皇帝出巡誰都不帶就只帶你。但你的哥哥卻被遠遠地打發到北方苦寒邊境去監軍，難道你能夠確定你的哥哥心裡沒有怨恨嗎？如果有一天你的生死禍福都在他一念之間，而他對你有怨恨，那你會是一個什麼結局？

各位認為這不可能嗎？難道大家忘了那首非常有名的詩嗎？「煮豆燃豆萁，豆在釜中泣。本是同根生，相煎何太急。」帝王家兄弟相殘，這種事還少得了嗎？趙高說得對不對？說得太對了！那麼胡亥又會做何反應呢？

胡亥曰：「廢兄而立弟，是不義也；不奉父詔而畏死，是不孝也；能薄而材譾，彊因人之功，是不能也：三者逆德，天下不服，身殆傾危，社稷不血食。」

胡亥的反應，卻是出人意料的義正辭嚴。他說：「廢掉長兄而立幼弟，這是不義；因為懼怕死亡而不服從父親的遺詔，這是不孝；自己才能淺薄，卻依靠別人的幫助而勉強登位，這是不能。這三件事都與道德相悖，天下人是不會服從的，不但會替我自身帶來危險，國家也會因此而滅亡。」胡亥說得好不好？說得太好了！從這段話來看，胡亥本來是一個想要尚義盡孝又有自知之明的人，但為什麼最後趙高還是說服了他呢？

高曰：「臣聞湯、武殺其主，天下稱義焉，不為不忠。衛君殺其父，而衛國載其德，孔子著之，不為不孝。夫大行不小謹，盛德不辭讓，鄉曲各有宜而百官不同功。故顧小而忘大，後必有害；狐疑猶豫，後必有悔。斷而敢行，鬼神避之，後有成功。願子遂之！」

趙高說：「臣聽說商湯和周武都曾殺死他們的君主，天下人卻稱頌他們正義，而不說他們是不忠。衛國國君曾殺死他的父親，而衛國人民記得他的功德，孔子也記錄了這件事，而不說他是不孝。為大事就不能拘泥於小節，行盛德就用不著推辭謙讓，是非對錯在不同的地方和職位就有不同的標準。因顧忌小節而忘了大事，日後必有禍害；該下決定時卻猶豫多疑，日後必要後悔。只要果斷而大膽地行事，連鬼神都會避開你，這樣才會成功。希望你能按照我說的去做！」

趙高所說的話，是什麼意思呢？他的意思是，只要最後能成功，就算曾經殺害君父，一樣會被人所歌頌；如果因為擔心名聲而不敢有所舉動，最後還是會招來禍害。其實，這不過就是「成王敗寇」四個字而已。趙高勸胡亥做的，哪裡是什麼大行？哪裡是什麼盛德？也敢和救民於水火的湯武相比？但這就是小人的處世哲學，也是所有野心家用來說服自己的辦法。

歷史上的功過，是否真的像趙高所說的這樣呢？我的答案是：不一定。不過至少在這一刻，用這樣的藉口來說服年輕的胡亥，那是絕對足夠的。

胡亥喟然嘆曰：「今大行未發，喪禮未終，豈宜以此事干丞相哉！」

胡亥聽了趙高的話後，喟然嘆息說：「現在駕崩的皇帝還未發喪，喪禮也還未結束，怎麼好拿這種事來勸說丞相呢？」各位從這一段話就可以知道，胡亥已經心動了，他擔心的只是時機的問題而已。

胡亥是壞人嗎？其實沒有人生下來就是壞人，胡亥的反應就和我們絕大多數人都一樣，永遠在道義和利害之間猶豫徘徊。孟子說：「人之所以異於禽獸者幾希！」什麼是「幾希」？也就是一念之間而已。胡亥在一開始何嘗不想做忠臣孝子，但最後他還是向利益屈服了，就這一念之差，他從此就要踏上一條自我毀滅的道路。

趙高曰：「時乎時乎，閒不及謀！嬴糧躍馬，唯恐後時！」

趙高對胡亥說：「時機啊時機啊，稍縱即逝，等謀劃清楚就來不及了；為什麼有人帶著糧食就趕快跳上馬，就是擔心延誤了時機！」什麼意思呢？就和現在很多勸你投資的人一樣，叫你趕快出手、趕快出手，不然就來不及了！

胡亥既然高之言，高曰：「不與丞相謀，恐事不能成，臣請為子與丞相謀之。」

趙高經過百般勸說，胡亥最後終於同意了。接著趙高說出這場陰謀的關鍵：「如果不與丞相共謀，恐怕這件事就不能成功，因此我希望能夠幫您去跟丞相好好地謀劃這件事情。」

注意了！各位看看李斯的重要性！如果李斯不答應這件事，這件事絕對辦不成，因為別人根本不會相信。李斯是如此關鍵的人物，因此趙高一定要去說服他。

讀到這裡，請各位把書蓋上，好好想一想，如果你是李斯，你為什麼會同意這件事？

李斯已經是丞相了，富貴極矣，難道趙高能拿出比丞相更好的誘餌給他嗎？如果不能，李斯為什麼要同意？

想清楚，然後我們再來看看趙高到底是怎麼說服李斯的。

高乃謂丞相斯曰：「上崩，賜長子書，與喪會咸陽而立為嗣。書未行，今上崩，未有知者也。所賜長子書及符璽皆在胡亥所，定太子在君侯與高之口耳，事將何如？」

趙高對丞相李斯說：「皇帝駕崩，賜給長子扶蘇詔書，命令扶蘇和運送遺體的車隊在咸陽相會，讓扶蘇主持他的葬禮並立為繼承人。但這份詔書尚未發出，皇帝就駕崩了，現在沒有其他人知道這件事。賜給長子的詔書和符璽都在胡亥手裡，如今決定誰為太子，只在你和我的一句話而已，這件事你認為該怎麼辦？」

是啊！沒有人知道始皇死前指定的太子是誰，只有我們幾個人知道。李斯前面不是說「無真太子」嗎？趙高就是要告訴他，我們兩個現在說誰是真太子，誰就是真太子，這是多麼大的誘惑啊！

此外，這段話中還有兩個特別值得注意的地方：

第一，趙高其實可以直接偽造遺詔，然後對李斯說始皇臨終前立胡亥為太子，但他卻選擇將真話說出來。這就證明了李斯確實知道始皇打算傳位給扶蘇，所以趙高才不得不說出實情。

第二，趙高特別強調「所賜長子書及符璽」都在胡亥手裡。為什麼他要這樣強調？因為他要讓李斯知道，他並不是只有一個人，胡亥已經同意了這件事。

斯曰：「安得亡國之言！此非人臣所當議也！」

李斯的第一個反應是非常驚慌，他說：「怎麼能說出這樣會讓國家滅亡的話！這不是做為人臣所應當議論的事情！」

各位看看李斯這個反應，用心去體察他講這句話的語氣和心態。李斯為什麼這麼驚慌？因為他心中的秘密被人看破了，他根本就不希望扶蘇繼位！而趙高為什麼敢於冒滅族的風險來勸說李斯共謀篡位？正是因為他從隱瞞扶蘇的這件事情上，確定了李斯的異心。

以李斯的聰明，他難道不知道趙高在想什麼嗎？他當然知道，因為趙高已經把話講得這麼清楚。他也猜得出來，趙高說符璽跟詔書都在胡亥那裡，是他想改遺詔立胡亥。

如果李斯真是忠心為始皇，現在他就應該立刻把趙高跟胡亥抓起來。可是李斯沒有這麼做，他只說「此非人臣所當議也」，各位就可以看出他心中的軟弱和猶豫。那麼趙高會怎麼說服李斯呢？

高曰：「君侯自料能孰與蒙恬？功高孰與蒙恬？謀遠不失孰與蒙恬？無怨於天下孰與蒙恬？長子舊而信之孰與蒙恬？」

各位應該發現了，這段話中不斷出現一個關鍵人物，那就是蒙恬。趙高為何不斷要拿李斯和蒙恬比較？因為蒙恬正是對李斯宰相地位最大的威脅。蒙恬不但在能力、功勞、謀略上都比李斯更強，而且最重要的是最後那兩件事：

「無怨於天下孰與蒙恬？」

秦始皇在世的時候，做了這麼多壞事，全部都有你李斯參加，天下能不怨恨你嗎？長子扶蘇如果是個一心信奉始皇政策的人也就罷了，但他不是。扶蘇上台之後，一定會變更始皇的政策，他不能攻擊自己的父親，就勢必要給天下人的怨恨一個交代，而你李斯不正是最好的代罪羔羊嗎？

「長子舊而信之孰與蒙恬？」

長子扶蘇真正信任的人是誰呢？是蒙恬。扶蘇在北方邊境監軍，跟蒙恬的關係那麼親近，等他登基為皇帝後，可以想見一定會重用蒙恬，到時你李斯還能保有今天的權位嗎？

斯曰：「此五者皆不及蒙恬，而君責之何深也？」

李斯說：「我在這五件事上都比不上蒙恬，但你為什麼要這樣苛責我呢？」他的意思是，趙高你明白知道我不如蒙恬，又何必明知故問呢？

高曰：「高固內官之廝役也，幸得以刀筆之文進入秦宮。管事二十餘年，未嘗見秦免罷丞相功臣有封及二世者也，卒皆以誅亡。

趙高說：「我不過是一個內宮的僕役，有幸靠著熟悉法律文書而進入秦宮。管事二十多年以來，還沒有見過被秦國所罷免的丞相功臣能將自己的封爵傳到下一代的，最後都以被誅殺做為結局。」

好可怕的一句話！這二十餘年中，被秦國所罷免的丞相功臣，沒有一個人有好下場。就拿李斯所熟知的呂不韋來說，前後擔任秦相十三年，權勢顯赫一時，結果被秦王免相，最後被迫飲酖毒而死，就是最清楚的例子。

因此趙高就是要告訴李斯，扶蘇這麼討厭你，你想要全身而退、安享晚年，這有可能嗎？答案是，不可能！

> 皇帝二十餘子，皆君之所知。長子剛毅而武勇，信人而奮士，即位必用蒙恬為丞相。君侯終不懷通侯之印歸於鄉里，明矣。

注意看這一段對扶蘇的評價，很多歷史劇因為扶蘇幫儒生說過話，就以為他喜歡儒家，是個文弱書生，這完全是不正確的。扶蘇這個人「剛毅而武勇，信人而奮士」，其實是個勇毅善戰、文武雙全之人。

以扶蘇的個性，以他和蒙恬的關係，即位之後一定會用蒙恬擔任丞相。一旦用了蒙恬為丞相，李斯想保持爵位而後告老還鄉，都是辦不到的事情。為什麼呢？因為秦國有誅殺大臣的傳統，因為扶蘇討厭你，更因為扶蘇和蒙恬需要殺你來平息天下的怨恨。

> 高受詔教習胡亥，使學以法事數年矣，未嘗見過失。慈仁篤厚，輕財重

士，辯於心而詘於口，盡禮敬士，秦之諸子未有及此者，可以為嗣。君計而定之。」

各位看趙高多會說話，他先說「皇帝二十餘子，皆君之所知」，相對於扶蘇的「剛毅而武勇，信人而奮士」，年輕的胡亥根本沒有拿得出手的表現。趙高說胡亥「未嘗見過失」，是因為胡亥根本沒有做事經驗，不做不錯；說胡亥「辯於心而詘於口」，就知道胡亥的口才很差。既不能做事，又不會說話，扶蘇與胡亥兩人根本沒有可比性。

在這裡我要問各位一個問題，李斯是聰明人，既然對始皇的兒子如此熟悉，他當然知道胡亥的差勁。為什麼趙高還敢提出這個人選，而且相信李斯會同意？

答案很簡單，因為這樣的人日後才方便當成傀儡操縱啊！

我曾聽先師　愛新覺羅．毓鋆提起，當年滿洲國的第一任總理鄭孝胥，因為堅持要日本人依《日滿議定書》從滿洲國撤兵，最後被日本人毒殺。日本人後來用張景惠為第二任總理，關東軍給東京的電報中敘述重用張景惠的理由，

●（上）鄭孝胥（下）張景惠

只有八個字：「頭腦昏庸，才堪大用」。

而趙高說服李斯立胡亥的理由，也正是如此！只有像這樣缺乏經驗又無能的人，日後才不得不樣樣依賴李斯。這本來是胡亥的缺點，如今卻變成莫大的優點。否則李斯的女兒們既然「悉嫁秦諸公子」，他又何必捨近求遠？

而趙高多方暗示胡亥「輕財重士」、「盡禮敬士」，正是為了暗示李斯，胡亥是個不吝惜給人名利富貴之人，這是投李斯之所好。所以才說「秦之諸子未有及此者，可以為嗣」，希望李斯好好考慮決定此事。

斯曰：「君其反位！斯奉主之詔，聽天之命，何慮之可定也？」

李斯說：「您還是回去吧！我李斯只執行皇帝的遺詔，聽從上天的安排，還有什麼好考慮決定的呢？」

說得真好啊，但從這一句話我們就可以知道，李斯是清楚始皇遺詔內容的。面對趙高的言語攻勢，他竟然閃閃躲躲地回答：「何慮之可定也？」他內心的猶豫不決，也就可想而知了。

高曰：「危可安也，安可危也，安危不定，何以貴聖？」

接下來趙高說：「表面上危險的事，其實可能是平安的；表面上平安的事，其實可能是危險的。在安危面前如果猶疑不決，又怎麼能算聖明之人？」

趙高說的話，是什麼意思呢？「危可安也」，指的是違背遺詔，廢扶蘇而去蒙恬，現在看起來行險，卻能保障日後的安寧；「安可危也」，指的是遵照遺詔，立扶蘇而用蒙恬，現在看起來安全，卻會造成日後的危險。趙高無疑是在告訴李斯，你個人的安危禍福，如今就在你自己一念之間。

是啊，你李斯一向自負聖明，怎麼會看不清楚安危之機呢？問題是，你真的看得清楚嗎？

斯曰：「斯，上蔡閭巷布衣也，上幸擢為丞相，封為通侯，子孫皆至尊位重祿者，故將以存亡安危屬臣也，豈可負哉！……君其勿復言，將令斯得罪。」

李斯說：「我李斯本來只是上蔡里巷中的百姓，承蒙皇帝提拔為丞相，封為通侯，子孫都得到高官厚祿，所以皇帝才把國家安危存亡的重任交給我，我又怎麼能辜負皇帝呢？……請您不要再說了，否則會讓我李斯也跟著犯下大罪。」

等等，李斯你說「故將以存亡安危屬臣也」，所以你不只是知道遺詔的內容，始皇根本在臨終前就將扶蘇託付給你了！

你得到這樣的重託，面對意圖篡位的趙高，你居然只是要他不要再說了？你覺得趙高聽到這種話，真的可能就不再說了嗎？他還有退路嗎？

高曰：「……方今天下之權命懸于胡亥，高能得志焉，……君何見之晚？」

趙高當然不會退縮，他說：「……現在天下的權力和命運都掌握在胡亥手裡，而我趙高依附著他將會飛黃騰達……您怎麼還沒看清楚這個機會呢？」

這無疑是在告訴李斯，想要保全富貴，就只能跟著胡亥。

對李斯來說，一邊是奉行始皇的遺詔立扶蘇，而後他可能會失去宰相地位；一邊則是背叛始皇的遺詔立胡亥，而後富貴可能繼續保全。如果你是李斯，你會怎麼選擇？

斯曰：「吾聞晉易太子，三世不安；齊桓兄弟爭位，身死為戮；紂殺親戚，不聽諫者，國為丘墟，遂危社稷。三者逆天，宗廟不血食。斯其猶人哉，安足為謀！」

李斯說：「我聽說晉國換掉太子申生，結果三代不能安寧；齊桓公兄弟爭奪王位，結果彼此相殘；紂王殺死親戚，又不聽臣下進諫，結果都城被夷為廢墟，造成社稷的危難。這三件事都違背天意，最後都落得宗廟無人祭祀。我李斯還是人啊，怎麼能參加這種陰謀呢！」

是啊！如果你還是人，就不該這麼做。「人之所以異於禽獸者幾希」，李斯啊，你是人還是禽獸，就在這一念之間了。

高曰：「……君聽臣之計，即長有封侯，世世稱孤，必有喬、松之壽，孔、墨之智；今釋此而不從，禍及子孫，足以為寒心。善者因禍為福，君何處焉？」

趙高說：「……您聽從我的計策，就會長保封侯，並且世代相傳，必會得到仙人王子喬、赤松子那樣的長壽，大家認為你有孔子、墨子那樣的智慧；如果現在放棄這個機會而不願聽我的話，最後必會禍及子孫，將來足以讓你心寒。聰明的人懂得轉禍為福，您決定要讓自己處在哪一種環境裡呢？」

是啊，李斯你要讓自己處在哪一種環境裡呢？當年的你，因為一句「人之賢不肖譬如鼠矣，在所自處耳」，想要改變自己的命運；而今的趙高又用一句「君何處焉」來質問你，豈不正好問中了你的心？

斯乃仰天而嘆，垂淚太息曰：「嗟乎！獨遭亂世，既以不能死，安託命哉！」

李斯終於還是屈服了。

各位從李斯的反應就可以發現，他開始斥趙高為「亡國之言」，然後說「君其反位」，再到「君其勿復言」，再到「斯其猶人哉，安足為謀」，語氣一次比一次軟弱。最後趙高問他：「君何處焉？」這句話對主張「人之賢不肖譬如鼠矣，在所自處耳」的李斯來說，是多麼的有力，而這正是最關鍵的一擊！於是李斯仰天而嘆、垂淚嘆息，終於同意參加趙高的陰謀。

這是李斯一生的第三次嘆息，這一次嘆息代表了李斯完全屈服在名利之下，更決定了李斯和大秦未來的命運。請各位注意這五個字：「既以不能死」。李斯不但喜歡名利富貴，而且他怕死。大凡愛好名利富貴的人都怕死，因為他要活著下來享受名利富貴的滋味。既然不能死，你就只能同意參加這個陰謀了。因為李斯明白，趙高說的完全是真話。

為什麼人家敢來說服你？因為人家早就把你的心給摸透了！

於是斯乃聽高，高乃報胡亥曰：「臣請奉太子之明命以報丞相，丞相斯敢不奉令！」

於是李斯決定聽從趙高，趙高立刻回報胡亥。各位注意趙高說的這句話：「丞相斯敢不奉令！」李斯你敢不奉令嗎？你不敢！

你以為你答應跟人合作，人家就會尊重你嗎？在趙高的心中，他早就知道你李斯是什麼貨色了。你李斯不要以為自己聰明才智高，不要以為自己是丞相，人家早就看透你了，知道你不敢不奉令，所以人家吃定你了。因為在別人眼中，你就是個怕死的窩囊廢。而最後的事實也證明，趙高看的一點也沒錯。

李斯最喜歡的是功名富貴，他絕對不願意失去它們。因此在這一刻，他終於做出了選擇。大凡是人，沒有不喜歡功名富貴的。但決定你最後是什麼樣的人，就看你是否能有所不為。中國人常講的不是「有為有守」，而是「有守有為」，人必要有所守，方足以有為。

如今李斯你為了個人的功名利祿，你欺騙出賣了別人。你欺騙的人是誰？你欺騙的不只是天下人，你欺騙的是一生信任、重用你的始皇帝啊！秦始皇可能對不起天下人，但他絕沒有對不起李斯你。從這裡就可以知道，在李斯這個人的心中，什麼感情、什麼恩惠都是假的，只有他的富貴才是最重要的！

李斯啊，不管你多麼聰明有才華，不管你爬到多麼高的地位，都不會改變一件事：你根本就是一個小人！不要急，各位很快就可以看到李斯這個聰明人的結局，很快的，很快的。

於是乃相與謀，詐為受始皇詔丞相，立子胡亥為太子。

於是趙高、李斯和胡亥組成了陰謀聯盟，這也就是我所說的「亡秦三人組」。最諷刺的是，這三個人都是秦始皇一生最信任最喜愛的人，最後卻聯手背叛了他。

二〇〇九年一月，北京大學接受一批從海外捐贈的西漢竹簡，完整簡多達一千六百餘枚。內容豐富，包括《蒼頡篇》、《老子》、《周訓》、《妄稽》、《魂魄賦》、《日書》、《堪輿》、《雨書》、《六博》、《荊決》、《節》及古醫書等等，其中包括了西漢時代流傳的秦始皇故事《趙政書》。

《趙政書》中有著這麼一段記載：

昔者秦王趙政出遊天下，至柏人而病，病篤，喟然流涕長太息，謂左右曰：「吾忠臣也，其議所立。」丞相臣斯、御史臣去疾昧死頓首言曰：「今道遠而詔亟，群臣恐大臣之有謀，請立子胡亥為代後。」王曰：「可。」

故事中，秦始皇乃是在臨終前命群臣提議繼承人，而由丞相李斯領銜建議立胡亥為太子，得到始皇的同意。除了《趙政書》外，發現於二〇一三年五月的湖南益陽兔子山遺址，其中的九號井第三層發現了〈秦二世元年文告〉，裡面清楚的記載了「朕奉遺詔」。因此有學者根據以上兩條材料，認為《史記》的記載是錯的，秦始皇確實要傳位給胡亥，胡亥才是真正的繼承人。

事實上，這樣的推論恐怕大有疑問。《趙政書》中所記載的細節與漢代學者的說法出入甚大。例如秦始皇駕崩的地點，《趙政書》說是柏人（今河北省唐山市西），而揚雄、王充、班固都認為是沙丘；駕崩時馮去疾的官職是御史而非丞相，此說也僅見於《趙政書》。因此，《趙政書》只能說是西漢流傳於民間的說法之一，而且可信度不高。而〈秦二世元年文告〉更是胡亥繼位時頒行天下的文告，難道他可能會說自己是篡位嗎？事實上，這恐怕就是後來胡亥一黨公布天下的宣傳版本。

李斯、趙高要完成這樣的陰謀，最大的阻礙就是扶蘇。扶蘇位居長子，又得到蒙恬的支持，掌握三十萬大軍。如果扶蘇反抗，這件事就不可能成功。請問如果你是李斯或趙高，你要如何解決這個問題？

他們想出的解決方法，簡單得超乎所有人的想像。

更為書賜長子扶蘇曰：「……今扶蘇與將軍蒙恬將師數十萬以屯邊，十有餘年矣，不能進而前，士卒多秏，無尺寸之功，乃反數上書直言誹謗我所為，以不得罷歸為太子，日夜怨望。扶蘇為人子不孝，其賜劍以自裁！將軍恬與扶蘇居外，不匡正，宜知其謀。為人臣不忠，其賜死，以兵屬裨將王離。」封其書以皇帝璽，遣胡亥客奉書賜扶蘇於上郡。

他們不過就是送了一封偽造的始皇詔書給扶蘇，內容是斥責扶蘇與蒙恬不但在北方沒有建立功勳，扶蘇反而一再上書誹謗始皇，有怨望之心，因此扶蘇的罪名是「不孝」。而蒙恬既不能匡正扶蘇的不孝，又不揭露扶蘇的陰謀，因此蒙恬的罪名是「不忠」。

值得注意的是，李斯和趙高要求蒙恬將兵權交給王離。而到了後來，趙高想對付東征的章邯，也是派王離去鉅鹿和章邯共同作戰。由此可見，李斯與趙高一黨在秦國軍方中真正的底牌恐怕就是王離。王家與蒙家在秦國軍方中的競爭已經到了第三代，而目前是蒙家壓倒了王家。他們敢於施展這樣的陰謀，就是因為自信在軍方當中能得到王家的支持。

他們要扶蘇自殺，然後判決蒙恬死罪。為了取信於扶蘇，他們將這封詔書蓋上了皇帝玉璽，然後派遣胡亥的門客將這封詔書送去給上郡的扶蘇。面對這樣離譜的命令，扶蘇難道真的會乖乖自殺嗎？

請問：如果你是扶蘇，身邊有大將蒙恬和三十萬大軍，接到這樣的皇帝詔書，你會怎麼辦？

在《秦始皇——一場歷史的思辨之旅》中，我曾談過古人讀史的方法，第一步是設想你是書中的歷史人物，在需要做決定的那一刻，你會怎麼辦？等你做出抉擇，再打開書看書中的歷史人物怎麼辦，他的選擇與你有何不同，結果是成功還是失敗。這樣用一個又一個的歷史實例，來磨練自己的智慧，就會如呂祖謙所說的，「學問亦可以進，智識亦可以高」。

但這個方法只是第一步，第二步就是當你面對自己人生的難題時，必要問：「如果是我過去讀過的歷史人物，在面對這個問題時，他們會做出什麼樣的選擇？」相信我，你大概不是歷史上第一個碰到這個難題的人，過去有無數的人都遇到過和你相似的難題。

就用這個例子來看，請問如果是李世民遇到這種情況，他會怎麼辦？

答案很清楚，李世民一定會堅持這是偽詔，然後帶領三十萬大軍殺回都城去「清君側」。這並不是因為李世民知道真相，而是以他的為人，不管詔書是真是假，他都會說是偽詔。

那麼如果是晉獻公的太子申生遇到這種情況，他會怎麼辦呢？

●李世民像

讀過《帝國崛起——一場歷史的思辨之旅2》的朋友就會知道，中生明知道這是驪姬的陰謀，但他為了不讓父親傷心，最後選擇了自殺，晉國從此陷入了大亂。

難道除了造反和自殺之外，就沒有別的路可走嗎？事實上還有第三條路，那就是晉獻公的另一個兒子重耳，他一樣面對父親的亂命，最後選擇了逃走。後來他奔走諸國，終於回到晉國繼位，他也就是後來成為春秋五霸的晉文公。

歷史最大的功用之一，就是讓你知道，人生不是只有一種答案，其實可以有各式各樣不同的選擇。但在這一刻，扶蘇面對父親要他自殺的詔書，他到底會怎麼做呢？

> 使者至，發書，扶蘇泣，入內舍，欲自殺。

扶蘇接到詔書，居然真的要去自殺！

我們不禁要問，扶蘇難道是白痴嗎？面對這樣荒唐的命令，他居然一點也不懷疑這個命令可能是假的嗎？就算是真的，他為什麼不反抗？事實上，蒙恬立刻就懷疑這是偽詔。

蒙恬止扶蘇曰：「陛下居外，未立太子，使臣將三十萬眾守邊，公子為監，此天下重任也。今一使者來，即自殺，安知其非詐？請復請，復請而後死，未暮也。」

各位注意，蒙恬的話是很有技巧的。他先強調「陛下居外」、「未立太子」，然後又說「安知其非詐」，可見他猜測到這可能是有人想改立太子的陰謀。

但蒙恬有沒有直接說出心中的猜想，而要扶蘇直接抗命呢？沒有。因為萬一這真是始皇的意思，蒙恬的抗命就成了不臣的表現，將會替蒙家帶來大禍。所以蒙恬採取了一個折衷的做法，那就是「請復請」。

「復請」就是「再次請求詢問」，也就是要確認命令是否可信。始皇晚年已不見臣子，但如果是蒙恬從前線派回來的使者，他應該不會不見，這樣就可以當面確定命令的真偽了。

請問，各位認為蒙恬這個辦法怎麼樣？

蒙恬這個辦法，確實是萬全之策啊！從這裡就可以看出這個人的才智，但任何的好辦法能否成功，都要看實行的人是誰。扶蘇的反應，卻出乎蒙恬的意料之外。

使者數趣之，扶蘇為人仁，謂蒙恬曰：「父而賜子死，尚安復請！」即自殺。蒙恬不肯死，使者即以屬吏，繫於陽周。

胡亥派來的使者，聽見蒙恬的話，擔心事情有變，屢次催促扶蘇自殺。這時扶蘇對蒙恬說：「父親要兒子死，還需要再次確認嗎？」於是就真的自殺了。蒙恬不肯當場就死，使者立刻命令執法官吏將蒙恬抓起來，囚禁在陽周之地。

宋代的蘇軾曾寫了一篇〈始皇論〉，專門來談論扶蘇自殺的這件事：

蘇子曰：嗚呼，秦之失道，有自來矣，豈獨始皇之罪。自商鞅變法，以殊死為輕典，以參夷為常法，人臣狼顧脅息，以得死為幸，何暇復請。

方其法之行也，求無不獲，禁無不止，鞅自以為軼堯舜而駕湯武矣。及其出亡而無所舍，然後知為法之弊。夫豈獨鞅悔之，秦亦悔之矣。荊軻之變，持兵者熟視始皇環柱而走莫之救者，以秦法重故也。李斯之立胡亥，不復忌二人者，知法令之素行，而臣子之不敢復請也。二人之不敢復請，亦知始皇之鷙悍而不可回也。豈料其偽也哉？

蘇軾認為，秦國自商鞅變法以來，崇尚嚴刑峻法，以死刑為輕罪，動輒夷人三族。因此人臣犯法後，往往但求一死，根本不敢復請，以免招來更大的禍患。

當這樣的法律施行時，只要想辦的事沒有辦不到的，只要想禁的事沒有

●蘇軾像

禁不了的，於是商鞅自以為能超過堯舜湯武。等到他自己要逃亡而沒有地方可住時，才知道為法之弊。其實豈止只有商鞅後悔，秦國也後悔啊！

當荊軻的刺殺突然發生的時候，拿著兵器的衛士個個看著始皇環柱而走卻沒有人救他，就是因為秦法太過嚴厲的緣故。李斯立胡亥而不擔心扶蘇和蒙恬，就是知道法令長期施行之積威，讓臣子不敢復請。扶蘇和蒙恬之所以不敢復請，也是因為知道始皇凶狠強悍而不可能回心轉意，怎麼能料到這是偽詔呢？

在這篇文章中，可以看出蘇軾才智出眾，文中所論秦法之弊確實可圈可點。但他所謂「李斯之立胡亥，不復忌二人者」，實有誇張之處。李斯其實對此十分擔心，從後面他的反應就可以知道；而「二人之不敢復請」，更與史實相背，蒙恬其實本來要「復請」，只是他從未意料到平日「剛毅而武勇」的扶蘇，在這一刻竟然會變得如此脆弱！扶蘇一死，蒙恬也就無計可施了。

但是為什麼扶蘇連「復請」都不願一試，居然立刻就自殺了呢？這恐怕得從扶蘇的心理來加以分析。

他是個真心愛著大秦、真心愛著父親的好孩子。但相反的，他的父親卻十分不喜歡他。扶蘇心中必然曾經無數次的自我懷疑，父親心中對他的真正想法到底是什麼？是真的討厭而流放他？或只是嚴父對兒子的磨練？（在我來看，恐怕兩者都是。）對當事人來說，這是巨大的心理磨難。

扶蘇一次又一次地希望得到父親的肯定，卻一次又一次地被斥責，一次又一次地被疏遠。在北方苦寒的無數歲月裡，他多麼盼望有朝一日能等來父親原諒他的旨意；而直到最後，他終於等來了父親要他去死的命令。在這一刻，扶蘇的心大概徹底崩潰了，他失去了活下去的希望，所以決定自殺。聽起來不可思議，但即使是今天，這樣的事情也不罕見。

但我必須跟各位說，自殺是全天底下最愚蠢的事。為什麼呢？在這裡，姑且不從道德角度看，而從利害角度看。人生在世，為什麼我們不能成就事業？最大的原因就是因為怕死。其實不止你怕死，所有的人都怕死。因為怕死，所以我們顧忌東、顧忌西、束手縮腳，所以才什麼事情都辦不成。倘若有一天你連死都不怕，試問天下還有什麼事情擋得住你？天下還有什麼困難不能克服？而你擁有了「不怕死」這麼強大的武器，結果居然白白去自殺？天下還有比這更蠢的人嗎？

為什麼古代聖賢的經典中，很少談到感情，而多半談智慧和責任？因為他們深知，任何事只要一牽涉到感情，就會變得非常複雜而麻煩，感情往往會讓人不可理喻。扶蘇這一自殺，不只是他完了，大秦的命運也完了。扶蘇為他自己的人生做出最錯誤的抉擇，但我們實在不忍心怪扶蘇。因為這個錯誤的抉擇，是從始皇開始，一步一步累積到這一刻的結果。

使者還報，胡亥、斯、高大喜。

各位注意這句話，「胡亥、斯、高大喜」。胡亥和趙高姑且不論，但是李斯你怎麼能覺得「大喜」？政治鬥爭，你死我活，這是無可奈何的事。但即使是劉邦，當他聽到韓信冤死的消息後，他的反應都是「且喜且憐之」，一半覺得高興，一半覺得哀憐，這才是一個人該有的反應。

而李斯你剛剛害死了恩人的兒子，背叛了主君的遺願，而你心中竟然毫無愧疚、毫無悔意，你的反應竟然是「大喜」！

李斯，你到底是隻什麼樣的禽獸！又是什麼人，重用了你這樣的禽獸？

> 至咸陽，發喪，太子立為二世皇帝。以趙高為郎中令，常侍中用事。

出巡的隊伍終於回到了咸陽，始皇的屍體終於可以下葬了。清人顧炎武《日知錄》中，考察始皇死後的巡遊路線，發現李斯、趙高足足向北又多繞了三、四千里才回咸陽，他說：「但欲以欺天下，雖君父之屍臭腐車中而不顧，亦殘忍無人心之極矣。」

是啊，殘忍無人心又怎麼樣呢？在這一刻，李斯取得了勝利、趙高取得了勝利、胡亥取得了勝利。不過你李斯真的以為從此可以高枕無憂嗎？二世皇帝真正信任的人可不是你，而是趙高。他任命趙高為郎中令，郎中令掌管所有的宮廷宿衛，這樣二世才能放心自己的安全。而趙高也時常隨侍二世於宮中，二世對他言聽計從。

有時候，權力的大小不在於你的官位高低，而在於你和領導者間的距離遠近。

史記註

秦始皇紀五百石以下不臨遷勿奪爵五百石以下秩畢任淺故但遷而不奪爵其六百石以上之不臨者亦遷而不奪爵也史文簡古兼二事為一條

山鬼固不過知一歲事也其時已秋歲將盡矣今年不驗則不驗矣山鬼豈能知來年之事哉退言曰祖龍者人之先也謂稱祖乃亡者之辭無與我也皆惡言死之意

欽定四庫全書　日知錄　卷二十七　二十六

始皇崩於沙邱乃又從井陘抵九原（今大同邊外）然後從直道以至咸陽回繞三四千里而歸者蓋始皇先使蒙恬通道自九原抵甘泉塹山堙谷千八百里若徑歸咸陽不果行游恐人疑揣故載轀輬而北行但欲以欺天下雖君父之尸臭腐車中而不顧亦殘忍無人心之極矣

項羽紀搏牛之蝱不可以破蟣蝨言蝱之大者能搏牛而不能破蝨喻鉅鹿城小而堅秦不能卒破

鴻門之會沛公但稱羽為將軍而樊噲則稱大王其時

《日知錄》中關於始皇崩於沙丘的註解

二世燕居，乃召高與謀事，謂曰：「夫人生居世閒也，譬猶騁六驥過決隙也。吾既已臨天下矣，欲悉耳目之所好，窮心志之所樂，以安宗廟而樂萬姓，長有天下，終吾年壽，其道可乎？」

什麼叫做「燕居」？古人家居格局，基本分為前堂後室。在前堂休息叫「閒居」，可以見外人；在後室休息叫「燕居」，基本不見外人。二世在燕居時，居然召趙高來參謀事情，就知道他根本不把趙高當外人。

二世想談什麼呢？他說：「人活在世上，就如同駕馭著六匹駿馬的車子從門縫間閃過一樣快速。我既然已經君臨天下了，希望能極盡耳目的享受，窮極心中一切的快樂，同時還能使國家安寧而百姓歡欣，長保江山，以享天年，這種想法能辦得到嗎？」

二世大概沒聽過一個故事，有個人因為世世行善，死後閻羅王特別問他下輩子想投胎到什麼樣的人家，願意盡量滿足他。那人考慮很久後，對閻羅王說出他的願望：「父為高官子登科，良田千頃靠山河，嬌妻美妾陪伴我，長生不老二十多」。閻羅王聽了大笑說：「要真有這樣的人，我自己都想去呢！」

人的慾望總是貪得無厭，但天下哪有完滿無缺的好事？既要極盡享受，又要長保江山，天下會有這種好事嗎？二世啊，將來在地下你或許可以和隋煬帝討論一下這個問題。

但從二世說的話來看，請問各位認為在他心中，個人享受和百姓安寧哪一樣比較優先？

人生的難題，永遠都在「不得已」三個字。當不能面面俱到時，你要先完成哪個？又要先捨棄哪個？

從二世話中的順序可以看出，他把「窮心志之所樂」擺在了「安宗廟而樂萬姓」之前。可見在他心中，自己的享受永遠是最優先的。一個人剛剛登基，馬上想到要極盡享受，這不就是一個紈絝子弟嗎？面對二世這樣的問題，各位覺得趙高會如何回答？

拍二世的馬屁？不對。

鼓勵二世盡情享樂？不對。

趙高的答案是，勸阻二世不應該享樂。

啊！這不是忠臣做的事情嗎？趙高怎麼會這麼做？其實從歷史來看，有時大奸似直，奸臣說的話比忠臣還像忠臣。

高曰：「……夫沙丘之謀，諸公子及大臣皆疑焉。而諸公子盡帝兄，大臣又先帝之所置也，今陛下初立，此其屬意怏怏皆不服，恐為變。且蒙恬已死，蒙毅將兵居外，臣戰戰栗栗，唯恐不終，且陛下安得為此樂乎？」

趙高是怎麼說的呢？他說：「對於沙丘的密謀，諸位公子和大臣都感到懷疑。而諸位公子都是您的兄長，大臣們又都是先帝所任命，現在陛下剛剛登基，這些人心中不樂都感到不服，恐怕他們將會造反。而且蒙恬雖然已經死了，但蒙毅還在外帶兵，臣提心吊膽，就怕最後不得善終，陛下您又怎能享受到這樣的快樂呢？」

趙高為什麼要這麼說？因為這是二世最最害怕的事情，他得位不正，心中有鬼，日日夜夜就是怕人揭穿真相。而趙高想要利用二世，就一定要把他最害怕的東西點破。讓二世知道，內外有這麼多的敵人在虎視眈眈，你又如何能安心享樂？

二世皇帝會怎麼說呢？

二世曰：「為之奈何？」

二世慌了，是啊，那該怎麼辦才好？趙高你教教我！

趙高會教他什麼辦法呢？讀過《秦始皇——一場歷史的思辨之旅》的朋友們不用猜都知道，秦國就那一百零一招——殺！

趙高曰：「嚴法而刻刑，令有罪者相坐誅，至收族。滅大臣而遠骨肉，貧者富之，賤者貴之，盡除去先帝之故臣，更置陛下之所親信者近之。……陛下則高枕肆志寵樂矣，計莫出於此。」

趙高說方法很簡單，那就是「推行更嚴苛的法律和更殘酷的刑罰，讓犯罪的人不斷擴大連坐加以誅殺，直到滅族為止。殺掉大臣而疏遠您的哥哥們，賞賜原來貧窮的人，提拔原來卑賤的人，將先帝舊臣全部剷除，身邊都換上您親信的人……這樣陛下就可以高枕無憂縱情享樂了，沒有比這更好的主意。」

等等，殺掉先帝舊臣，換上二世親信。可是，誰是最大的先帝舊臣？誰又是二世最親信的人？

二世然高之言，乃更為法律，於是群臣諸公子有罪，輒下高，令鞠治之。殺大臣蒙毅等，公子十二人僇死咸陽市，十公主僇死於杜，財物入於縣官，相連坐者不可勝數。

二世覺得趙高的話實在是太對了，就重新修改法律，讓它更加嚴酷。於是群臣和公子們紛紛獲罪，動輒交付趙高審訊法辦。而趙高要殺的大臣，第一個就是蒙毅。為甚麼呢？因為他要報復當年和蒙毅的私仇。在《史記‧蒙恬列傳》中，對於趙高與蒙家的鬥爭經過，有著和〈李斯列傳〉不同的記載。

當年胡亥聽到哥哥扶蘇已死，其實他本來打算從獄中釋放蒙恬。因為蒙家三代都是大秦忠臣，胡亥並不打算殺蒙恬。但趙高卻害怕此後蒙家再次被重用，因而深懷怨恨。

等蒙毅祈禱山川回來後，發現始皇已死，而胡亥居然被立為太子，當然十分震驚。趙高就趁機對胡亥說：「臣聽說先帝很久以前就想立您為太子，是蒙毅一再勸阻。這個人不忠，不如殺掉他。」胡亥因此就把蒙毅也抓進了監

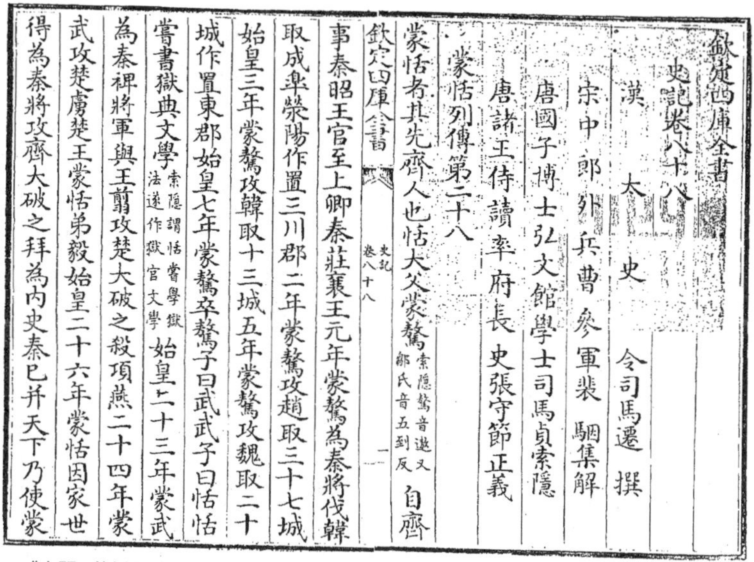
欽定四庫全書
史記卷八十八
漢　太　史　令司馬遷　撰
宋中郎外兵曹參軍裴　駰集解
唐國子博士弘文館學士司馬貞索隱
唐諸王侍讀率府長　史張守節正義
蒙恬列傳第二十八
蒙恬者其先齊人也恬大父蒙驁（索隱驁音遨又鄒氏音五到反）自齊
欽定四庫全書　史記卷八十八　一
事秦昭王官至上卿秦莊襄王元年蒙驁為秦將伐韓
取成皋滎陽作置三川郡二年蒙驁攻趙取三十七城
始皇三年蒙驁攻韓取十三城五年蒙驁攻魏取二十
城作置東郡始皇七年蒙驁卒驁子曰武武子曰恬恬
嘗書獄典文學（索隱謂恬嘗學獄法遂作獄官文學）始皇二十三年蒙武
為秦裨將軍與王翦攻楚大破之殺項燕二十四年蒙
武攻楚虜楚王蒙恬弟毅始皇二十六年蒙恬因家世
得為秦將攻齊大破之拜為內史秦已并天下乃使蒙

●《史記‧蒙恬列傳》

獄。等他即位為二世皇帝後，趙高在他身邊日夜講蒙家的壞話，希望殺掉這兩兄弟。

殺蒙恬和蒙毅，是足以撼動秦國的大事。因此公子子嬰出來諫阻，他說：「如果殺害忠臣而提拔沒有節操的人，只會使朝中的群臣從此失去信心，而在外的戰士離心，這是不可以的。」但胡亥不聽子嬰的話，派遣御史去見蒙毅，傳話給他說：「當年先帝要立我為太子，是你勸阻的。丞相因為你的不忠，而想要滅你的族。朕不忍心，你就自殺吧，這也算是你的幸運。」各位看看這段話，這不明白就是蘇軾所說的人臣「以得死為幸」嗎？

這時蒙毅向皇帝的使者表達，自己實在是冤枉的，從來就沒有所謂勸阻立太子的這件事。但使者知道二世已經決定要殺蒙毅，所以不管蒙毅說什麼都沒用，還是把他殺了。蒙毅死後，二世又派使者去殺蒙恬。蒙恬要使者回報二世，蒙家三代為秦忠臣，希望二世不要偏聽偏信，被奸臣所蠱惑。結果使者不敢回報，還是把蒙恬也殺了。

在〈蒙恬列傳〉中，說二世是先殺蒙毅再殺蒙恬；但在〈李斯列傳〉中，卻說二世是先殺蒙恬再殺蒙毅。除此之外，還有許多細節上的不同，各位如果有興趣，可以一一找出來。但相同的是，二世皇帝最後都選擇了相信趙高，而殺掉蒙家兩兄弟，這無疑是自毀大秦的長城。

二世皇帝為什麼這麼糊塗，難道他是白痴嗎？當然不是。其實原因很簡單，因為二世皇帝得位不正，他每天都擔心萬一真相被大臣和兄弟們知道了，自己就可能從皇帝的位子上被趕下來。對胡亥來說，自己的利益遠比大秦的利益要更重要得多，為了保住自己的位子，誰都可以殺。

所以殺了蒙家兩兄弟和大臣們後，他接下來將自己的十個兄弟在咸陽公開斬首，將自己的十二個姊妹裂體處死。為什麼要這麼殘忍？就是為了震懾所有可能的反對者。

「財物入於縣官」，就是把這些被處死的人的所有財產都沒收歸皇帝所有。秦漢俗稱天子為「縣官」，宋代則俗稱天子為「官家」。秦漢有這樣的俗稱，是因為戰國晚期鄒衍提出「大九州說」，認為中國名曰「赤縣神州」。天子乃赤縣之官，故稱縣官。而秦的國策向來是，寧可錯殺一百，絕不放走一個，所以「相連坐者不可勝數」。

胡亥啊，你以為任用你喜歡的人，把你討厭的人通通殺光光，真的就能讓你高枕無憂嗎？真的就能讓你「肆志寵樂」嗎？天下真有這樣的好事嗎？各位接著就可以看到這樣做的結果。

法令誅罰日益刻深，群臣人人自危，欲畔者眾。又作阿房之宮，治直、馳道，賦斂愈重，戍傜無已。於是楚戍卒陳勝、吳廣等乃作亂，起於山東，傑俊相立，自置為侯王，叛秦，兵至鴻門而卻。

九州山川實證揔圖
北
烏孫
匈奴
葱嶺
大河
雍
涼
甘肅
關中長安
龍門
西河
滑水
隴山
絳
蒲
河中
底柱
華陰
洛水
河南
沇
河內
溫縣
懷
太行山
冀
常山
定
豫
滎澤
鄭
濟入河
相
魏
邢
深
大陸
滄
禹河
濟水
陽武
曹
大梁
故汳
宋
漢河
兗
平
九河
周以後九河淪於海
碣石
海
青
大野
鄆
汶
泗
千乘入海

●《禹貢論》中收錄的「九州山川實證圖」，從中可見天下九州的分布。

新皇帝登基，帶來的卻是如此恐怖血腥的時代。秦始皇殺六國人，胡亥竟然連自己的忠臣和手足都殺，群臣當然「人人自危」。沒有人願意等死，所以有心反抗胡亥的人越來越多，只是在等待機會而已。

但胡亥卻真的以為他可以「高枕肆志寵樂」了，於是繼續興建始皇時代的諸多重大工程如阿房宮、直道、馳道等等，百姓的賦稅越來越重，兵役和力役沒完沒了。上有大臣欲叛，下有百姓不安，胡亥在這樣危險的局勢中，卻認為只要有嚴刑峻法，他想要做的事沒有辦不到的。

二世元年七月，兩個楚國的小人物陳勝和吳廣帶領著戍卒前往北方的漁陽（約當今北京密雲）戍邊，遇到大雨，眼看著就要延誤報到期限。按法令，誤期者當斬首。於是陳勝和吳廣商量：「現在逃亡也是死，起來幹大事也是死，同樣是死，不如幹大事！」於是揭竿起義。更諷刺的是，他們用來號召天下的名義竟然就是冤死的扶蘇和楚國將軍項燕。一時之間，六國故地紛紛響應，陳勝兵鋒所及，甚至殺到秦國關中的腹地鴻門。

接下來的許多事，在《秦始皇——一場歷史的思辨之旅》中談過的就不再贅言，但我們現在來看看有那些不同的地方。

李斯數欲請閒諫，二世不許。而二世責問李斯曰：「……然則夫所貴於有天下者，豈欲苦形勞神，身處逆旅之宿，口食監門之養，手持臣虜之作哉？此不肖人之所勉也，非賢者之所務也。

東方六國皆反，眼看始皇的大業就要完蛋，因此李斯多次請求在二世有空的時候要去諫勸他。各位可以推測，李斯所要諫勸的內容，必然是要胡亥不要再荒唐下去了。但二世不允許，反而責問李斯說：「大家之所以覺得擁有天下很尊貴，難道是因為天子要費力勞心，住像旅館一樣的房子（可見當時的旅館不太舒適），吃看門人吃的食物（可見當時的保全待遇不高），做奴隸做的工作嗎（這個就不必解釋了吧）？這種事都是笨人才去做的，傑出的人不做這種事。」

各位看看這是什麼話？胡亥的意思不就是，要老子放棄享受，沒門！因為老子是聰明人，不是笨人，只有笨人才努力幹活，聰明人是來享受的。我說他是紈絝子弟，沒冤枉他吧！

彼賢人之有天下也，專用天下適己而已矣，此所貴於有天下也。……故吾願肆志廣欲，長享天下而無害，為之奈何？」

胡亥接著又說：「一個傑出的人統治天下，是要天下來配合自己，所以大家才覺得擁有天下是一件尊貴的事。」他希望要「肆志廣欲」，想幹嘛就幹嘛，還要「長享天下而無害」，請你李斯拿出辦法來。

我想李斯乍聽二世皇帝這樣的旨意，一定會目瞪口呆吧！但這是皇帝問的，你不能不回答啊！

試問：如果你是李斯，面對這個你一手造成的禍害，在這一刻，你該怎麼辦？

李斯的選擇是，拍胡亥的馬屁，順胡亥的心意。因為面對這個大殺群臣的皇帝，他也不想死。更何況，他還有把柄在二世手中。

> 李斯子由為三川守，群盜吳廣等西略地，過去弗能禁。章邯以破逐廣等兵，使者覆案三川相屬，誚讓斯居三公位，如何令盜如此。李斯恐懼，重爵祿，不知所出，乃阿二世意，欲求容。

前面說過，李斯的兒子李由是三川郡的郡守，三川郡位於秦國連接中原的要道。陳勝、吳廣的起義軍隊往西進攻關中的秦國腹地，就會經過三川郡，但他們任意往來，李由卻沒有阻止。等起義軍隊突然出現在關中，二世這才大驚失色，最後是章邯發動驪山刑徒抵抗，才解決了這次危機。

事後，二世要追查李由的失職，派遣一個又一個使者到三川郡進行調查。二世又責備李斯身居三公之位，為何會讓盜賊猖狂到這種地步？如果李斯有種的話，就應該回覆二世：盜賊猖狂到這種地步，不就是您逼出來的嗎？

但是李斯沒種，怪不得陳勝要說：「王侯將相，寧有種乎？」（當然，原文不是這麼解釋的）。為什麼不敢呢？因為他捨不得他的富貴爵祿啊！李斯恐懼二世問罪，不知如何是好，他就只好上書奉承阿諛二世的心意，希望能取悅新皇帝。

李斯每次上書，都能改變自己的命運，這次他又是怎麼說的呢？

以書對曰：「夫賢主者，必且能全道而行督責之術者也。督責之，則臣不敢不竭能以徇其主矣。……是故主獨制於天下而無所制也。能窮樂之極矣。……故督責之術設，則所欲無不得矣。群臣百姓救過不給，何變之敢圖？」

李斯說：「才能出眾的君主，必是全面掌握為君之道而能夠督責臣下之人。對下嚴加督責，則臣子們不敢不竭盡所能來做到君主的要求……因此君主才能專制天下而不受任何約束，能享盡一切極致的歡樂……所以督責之術只要確立了，君主的任何慾望就都能滿足了，群臣百姓每天唯恐犯錯，想補救都來不及，哪裡還敢圖謀造反？」

這些是多麼可怕的話，天下大亂，那是因為二世的享樂而壓榨百姓過度。李斯你身為丞相，不勸諫二世改變他的做法也就算了（是人都怕死，我們可以體諒）。你竟然告訴二世皇帝，天下這麼亂，是因為督責臣下還不夠嚴格，只要使用更殘酷的法制，更加嚴格督責臣下，他們就會乖乖聽話，沒有人敢造反。他們不敢造反，二世才可以安然享樂。這一段話其實說穿了，就是勸二世皇帝「變本加厲」。

趙高的提議已經讓天下大亂，你李斯為了保住個人的功名利祿，你明知這樣做不對（否則前面幾次何必想諫勸），還要勸主上變本加厲，這不是置國家命運、百姓安危於不顧嗎？當然，對李斯來說，他不會考慮這些的。只要能保住個人的名利富貴，他沒有什麼是不能做的。問題是，這樣真的就能保住你的名利富貴嗎？

書奏，二世悅。

二世看了李斯的上書，實在是太喜歡了！因為二世這位主子滿腦子想的就是享樂，你能說出讓他享樂的方法，他就喜歡你。

於是行督責益嚴，稅民深者為明吏，二世曰：「若此則可謂能督責矣。」刑者相半於道，而死人日成積於市。殺人眾者為忠臣，二世曰：「若此則可謂能督責矣。」

如果前面各位還不明白什麼叫「督責之術」？這段就會讓各位明白了。二世認為能向百姓收到越多稅賦的，才越是賢明的官吏，這樣才叫「能督責」。言下之意就是，如果沒有辦法收到大量的稅賦，不論什麼原因，都是官吏督責得還不夠嚴酷，才會不能完成目標。

這樣做的結果，就是各級官吏不再考慮百姓的死活，上面逼他們，他們就逼百姓。每天在道路上走的人，有一半都是被判刑的刑徒。古時候是在市場殺人，被處死的屍體每天在市場上多如山積。殺人越多的，二世皇帝越覺得是忠臣，然後說：「若此則可謂能督責矣。」

從這裡就可以看出，人命在胡亥心中根本和螻蟻沒有兩樣。什麼意思呢？請問各位會因為今天出門踩死一隻螞蟻，而內疚得吃不下飯嗎？當然不會。是的，二世皇帝也不會。殺了這麼多人，二世覺得這是「能督責矣」，從此更安心享樂。到了這一步，秦朝只能走向滅亡，再也沒有回頭的機會了，李斯真是功莫大焉。

第四章——吉凶從何來？

初，趙高為郎中令，所殺及報私怨眾多，恐大臣入朝奏事毀惡之。

趙高如今擁有權力，他第一件事就是想要報仇。趙高要把過去曾經看不起他的和有仇怨的人通通殺了，蒙毅不過是其中一個而已。這下我們終於清楚，趙高為什麼要勸二世殺人？因為只有勸二世殺大臣及宗室，他在底下才能假公濟私，剷除所有過去跟他有仇怨的人。

但殺了這麼多人，趙高難道不怕嗎？滿朝不知道有多少人恨趙高，萬一真有不怕死的大臣，在入朝奏事時說他的壞話，那他怎麼辦？趙高必須想辦法來阻止這件事的發生，那麼他想出了什麼辦法呢？

乃說二世曰：「……陛下富於春秋，未必盡通諸事。今坐朝廷，譴舉有不當者，則見短於大臣，非所以示神明於天下也。且陛下深拱禁中，與臣及侍中習法者待事，事來有以揆之。如此則大臣不敢奏疑事，天下稱聖主矣。」

趙高勸二世說：「陛下還很年輕，未必什麼事情都懂。現在坐在朝廷上，若懲罰和獎勵有不妥當的地方，就會把自己的短處暴露給大臣，這不是向天下人顯示您聖明的好方法。陛下不妨深居宮中不要上朝，與我及熟悉法律的侍中在一起，等待大臣把公事呈奏上來，我們來幫您一起研究決定。這樣大臣們就不敢用可疑的事情試探您，天下的人也都會稱您為聖明之主。」

試問：如果你是二世皇帝，聽到這樣的建議，你會怎麼辦？

當二世皇帝顧問，這不是壞事。但要二世皇帝不要上朝，這就包藏禍心。

如同我以前所說的，為人主的第一大忌，就是被人「隔絕中外」，也就是壟斷一切消息管道。所謂人主之大權，就在於能夠決斷，如果你所知的消息都是別人刻意要你知道的，你自然只能做出那個人要你做出的決定。因為誰壟斷了訊息，誰就壟斷了權力。

一個領導者既然知道自己不能，就更應該廣納意見、磨練心智，學則有術。《尚書》說：「王道蕩蕩」，就是這個道理。怎麼能因為要隱藏自己的無能，就把自己放在一個只接觸少數人的環境中呢？趙高為什麼這麼建議？不就是想操縱你嗎？

胡亥，你可千萬不能答應啊！

二世用其計，乃不坐朝廷見大臣，居禁中。趙高常侍中用事，事皆決於趙高。

結果胡亥居然答應了！

結果胡亥居然答應了！

結果胡亥居然答應了！

真是一個蠢貨！胡亥從此每天樂得躲在宮禁之中，不再坐在朝廷上接見大臣，他身邊都是趙高的勢力，結果當然是「事皆決于趙高」。

高聞李斯以為言，乃見丞相曰：「關東群盜多，今上急益發繇治阿房宮，聚狗馬無用之物。臣欲諫，為位賤。此真君侯之事，君何不諫？」

這時趙高聽說李斯上了一封奏書，比他還要變本加厲，胡亥非常喜歡。趙高對此十分擔心，因為大凡靠討好上位者得到權力的人，就會深恐別人也奪走了上位者的偏愛，因而搶奪他的權力。

論聲望、論才華、論威信，趙高絕比不過李斯。各位可能會問，這兩個人不是合謀的同夥嗎？是啊，但兩人所以合謀，目的都是為了權勢。李斯想要權勢，趙高也想要權勢；趙高想要權勢，那你李斯就是他的大敵。

因此趙高立刻去見李斯，對他說：「現在函谷關以東的地方，出現那麼多的盜賊，而現在皇上卻加緊逼迫百姓去修建阿房宮，每天都在搜集狗馬等無用的玩物。我想勸諫皇上，但因為地位卑賤而怕皇上不聽。勸諫皇上是您丞相應該做的事，您為什麼不去勸諫呢？」

各位光看趙高這個話，那真是大義凜然，那真是義正辭嚴。我說的沒錯吧，有時奸臣說的話比忠臣還像忠臣。各位以為趙高不明白天下大亂的根源是什麼嗎？趙高當然知道，他只是不關心而已。什麼叫做小人？就是不把其他人的死活放在心上的人，他在乎的永遠只有自己。

那麼李斯聽了這個話，會有什麼反應呢？

李斯曰：「固也，吾欲言之久矣。今時上不坐朝廷，上居深宮，吾有所言者，不可傳也，欲見無閒。」

李斯說：「確實是這樣啊！我很久以前就想講了。可是現在皇帝不臨朝聽政，常居於深宮中，我就算有話想講，也沒有人可以幫忙傳達。就算想見皇帝，我也沒有機會啊！」

從這個反應來看，李斯其實不是不擔心這個國家，他只是怕死而已。他以為如果有趙高的幫忙，內外同心，或許有扭轉時局的能力。

趙高謂曰：「君誠能諫，請為君候上閒語君。」

這時趙高說：「如果你能夠諫勸的話，我來幫你找皇帝空閒的時候，讓你有機會上諫。」意思就是，不用擔心，我會幫你，你聽我的就行了。趙高為什麼要這麼做呢？因為他要設下一個陷阱，讓李斯跳進去！

於是趙高待二世方燕樂，婦女居前，使人告丞相：「上方閒，可奏事。」丞相至宮門上謁，如此者三。

接下來，趙高就專門等到二世正在後宮享樂、美女環繞身邊的時候，派人去跟李斯說：「皇帝現在有空閒的時間了，你趕快過來奏事吧！」而李斯就相信了趙高，到宮門要求見皇帝上奏。可是二世皇帝正在享樂，他當然不希望有人打擾。李斯每一次卻總挑這個時候來進諫，一而再、再而三地打擾皇帝，各位認為二世會有什麼感覺？

二世怒曰：「吾常多閒日，丞相不來。吾方燕私，丞相輒來請事。丞相豈少我哉？且固我哉？」

二世感到極為憤怒，他說：「我有很多空閒的日子，丞相都不來。我正在私下享樂的時候，丞相都挑這個時候來，丞相是輕視我？還是根本就從心裡看不起我？」

你二世心中有鬼，知道自己不是當皇帝的料，所以深恐別人看不起你。趙高正是利用了這一點，才讓你不敢上朝。可是即使如此，大臣只要一個眼神、一個語氣、一個動作不對，就刺中了他心中最怕的弱點。因此他更加惱羞成怒，而這時候正是趙高可以上下其手的時候。

趙高因曰：「如此殆矣！夫沙丘之謀，丞相與焉！

趙高說：「倘若真是如此，那就太危險了！沙丘密謀，丞相是參與了的啊！」

看到沒有！趙高馬上把「沙丘之謀」這件事抓出來講，因為這是二世最大的心病。趙高這段話說得極有技巧，「丞相與焉」就是在提醒二世，李斯是二世篡位真相的知情者，這不但讓二世去想丞相看不起他的原因，更讓二世驚覺李斯有能力讓他陷入危險之中。

> 今陛下已立為帝，而丞相貴不益，此其意亦望裂地而王矣。

其次趙高又提醒二世：「現在陛下已經即位為皇帝，但丞相還是丞相，地位卻沒有提高，他的意思大概是想要裂土封王。」意思就是，這場陰謀中丞相沒有拿到任何好處。這無疑是指責李斯心懷怨望，豈不更讓二世擔心？

> 且陛下不問臣，臣不敢言。丞相長男李由為三川守，楚盜陳勝等皆丞相傍縣之子，以故楚盜公行過三川，城守不肯擊。高聞其文書相往來，未得其審，故未敢以聞。

趙高接著說：「如果陛下您不問我，我不敢說。」大凡你有事想對人講，只要說：「唉！有句話應該跟你講，但我不知道該不該說。」對方十之八九都會要你說，這不就是欲擒故縱嗎？這樣一來，二世就會更想聽。

接下來趙高揭露了一個驚人的秘密：「丞相的大兒子李由是三川郡守，楚地的強盜陳勝等人都是丞相的故鄉鄰縣人，因此楚地的強盜才敢公然經過三川郡，李由也才守在城中不攻擊。我曾聽說李由和楚盜之間有書信相來往，但還沒有拿到證據，所以不敢報告。」

且丞相居外，權重於陛下。」

二世一聽，如果趙高說的都是真相，那就太危險了！因為李斯已經做了這麼久的宰相，太多的官吏心中只知有丞相，不知有二世皇帝。所以趙高才說「丞相在外面，權力比陛下還大」。

二世以為然，欲案丞相，恐其不審。乃使人案驗三川守與盜通狀，李斯聞之。

二世非常相信趙高，覺得他的話太對了，想要找出丞相的罪狀，將他法辦，但又擔心沒有證據。於是就派人去調查三川郡守與楚盜勾結的情況，李斯也很快得知了這個消息。

這時李斯終於明白，在背後害他的人就是趙高。各位認為李斯是笨人嗎？當然不是。那他為什麼會上趙高的當？如果各位看過我講張良故事中「忍」和「先」的道理，就會知道緣故。因為李斯瞧不起趙高，認為趙高不過是個宦官（古人都看不起宦官，各位看太史公的〈報任少卿書〉就可以知道），是個狐假虎威（二世也能算虎嗎）、溜鬚拍馬的小人（你李斯比他有好到哪裡去嗎），所以對趙高根本沒有防備，才會中了趙高的計。

不到兩年，「亡秦三人組」中的兩名要角已經正式翻臉。問題是，胡亥究竟會幫誰？

是時二世在甘泉，方作觳抵優俳之觀。李斯不得見，因上書言趙高之短曰：「……今有大臣於陛下擅利擅害，與陛下無異，此甚不便。

這個時候二世在甘泉宮，正在觀看摔跤和滑稽戲表演（真是充實的精神生活啊），李斯見不到二世，他就上了一封奏書攻擊趙高。李斯每次都用奏書這招化解危機，但這次沒用了。

李斯先說：「現在有大臣在陛下面前，擅自行使賞罰大權，和皇帝沒有什麼兩樣，這是非常不妥當的。」各位要知道，領導者的權力根源在於能決定他人的賞罰，如果底下的人可以擅行賞罰，就等於奪取了君上的權力。

……今高有邪佚之志，危反之行。……陛下不圖，臣恐其為變也。」

這個人到底是誰呢？李斯乾脆明白指出來，那就是趙高。「現在趙高有邪辟放縱的心志和陰險叛逆的行為。……如果陛下不對這個事情有防備的話，

●太史公司馬遷像

我害怕將來趙高就要謀反了。」從後來的歷史發展來看，李斯完全說對了。不過在這一刻，我們來看看胡亥是什麼反應？各位注意看下面這一段，這一段非常有趣。

二世曰：「何哉？夫高，故宦人也，然不為安肆志，不以危易心，絜行修善，自使至此，以忠得進，以信守位。朕實賢之，而君疑之，何也？」

李斯曰：「不然。夫高，故賤人也，無識於理，貪欲無厭，求利不止，列勢次主，求欲無窮，臣故曰殆。」

二世說：「這是什麼話呢？趙高原本是個宦官（關於這一點，目前史學家還有爭議，以後有機會再詳談），但他不因處境安逸就為所欲為，也不因處境危險就改變忠心，他的行為如此廉潔，每天都在砥礪自己向善，從我開始任用他到現在，他都是因為忠心才受到提拔，因為誠信才守住職位。朕把他當成是賢人，而你卻懷疑他，這是為什麼呢？」

李斯說：「不是這樣的，趙高原本是卑賤的人，於道理一無所知，貪得無厭，求利不止，權勢之大僅次於陛下，他的需求和慾望永遠沒有止境，所以我說他將會危害國家。」

我為什麼讓各位注意看這一段？同樣一個人在兩個不同人的心中，評價可以相差多少？在胡亥的心中，趙高是忠信雙全的賢人；而在李斯的心中，趙高是一個貪欲無厭的賤人。兩個人對同一個人的判斷，居然可以相差這麼多！

那麼，各位覺得二世皇帝到底會相信自己還是李斯的評價呢？

二世已前信趙高，恐李斯殺之，乃私告趙高。

二世皇帝相信的人，始終不是李斯而是趙高。他還擔心李斯要陷害趙高這個老實人，而趙高在沒有防備下，萬一被李斯害死怎麼辦？以後還有誰會保護二世？於是他私底下把這件事告訴了趙高。

高曰：「丞相所患者獨高，高已死，丞相即欲為田常所為。」於是二世曰：「其以李斯屬郎中令！」

趙高說：「丞相為什麼這麼做？因為他所防備的只有我趙高啊，等我死後，丞相就可以去做田常所做的事了。」田常是春秋時齊國的大夫，他做了什麼事？就是謀朝篡位！趙高就是要告訴二世，當年田常篡掉了齊國，如今丞相也準備要篡掉秦國了。

趙高的話，結合前面對於李由和楚盜關係的各種猜想，怎能不叫二世毛骨悚然。他終於下定決心：「就把李斯交給郎中令查辦吧！」誰是郎中令？不就是趙高嗎？叫趙高來審判李斯，那李斯還有活路嗎？

在這件事情上，李斯到底犯了什麼錯誤？簡單來說就是四個字：「疏不間親」。

在這個社會上，無論你有再對的道理，無論你有再好的想法，當你要在某人面前批評另外一個人的時候，請你一定要想清楚，你批評的那個人，跟你現在講話的對象，他們兩個是什麼關係？人家對你的信任到底有多少？和對另一個人的信任相比，誰高誰低？如果你跟某人間的關係疏遠，記得絕對不能去攻擊跟他關係親近的人，因為他寧可相信那個關係親近的人，也絕對不會相信你。這不是道理對錯的問題，這是人情世故的問題。

〈李斯列傳〉對李斯下獄原因的記載，又和〈秦始皇本紀〉有所不同。〈秦始皇本紀〉說是丞相李斯、丞相馮去疾與將軍馮劫聯合進諫二世，要他停止繼續興建阿房宮和經略四方邊境，所以才被下獄；而〈李斯列傳〉則說是因為李斯攻擊趙高，所以才被下獄。

趙高案治李斯，李斯拘執束縛，居囹圄中，仰天而嘆。

趙高查辦李斯，李斯就被抓起來，關到監獄裡面去了，李斯做出了他一生的第四次嘆息。第一次嘆息時，他只是個地方小吏；第二次嘆息時，他已經是富貴極矣的丞相；第三次嘆息時，他面對人生最重要的選擇，決定了背叛秦始皇；到如今第四次嘆息，他已經成了階下囚了。

我們來看看，李斯這次為何而嘆息？

曰：「嗟乎，悲夫！不道之君，何可為計哉！……吾以忠死，宜矣。

李斯嘆息的是：「唉呀！可悲啊！這樣無道的昏君啊，還能有什麼辦法呢！像我這樣的忠臣死掉，不正是理所當然的事情啊！」

李斯你講的真好啊！問題是，當年是誰立了這個無道昏君？當年是誰背叛了信任你一輩子的秦始皇？當年又是誰害死了帝國英明的繼承人扶蘇？不都是你李斯嗎！你李斯能算忠臣嗎？

如果沒有你李斯，二世能當皇帝嗎？趙高能被重用嗎？你一手造成這個局面，如今自食了苦果，還有臉說自己是忠臣？你有這種下場，真是「宜矣」！

……且二世之治豈不亂哉！日者夷其兄弟而自立也，殺忠臣而貴賤人，作為阿房之宮，賦斂天下。吾非不諫也，而不吾聽也。

李斯又說：「況且二世治國豈不是亂來麼！他剛剛殺死了自己的兄弟而自立為皇帝，又殺害忠臣而重用低賤的人（李斯講的忠臣是他自己，賤人是趙高），修建阿房宮，對天下百姓橫徵暴斂。不是我不諫勸，而是他不聽啊！」

等等，李斯啊，不是你不諫勸？二世殺兄弟的時候，請問你在幹嘛？當二世問你「為之奈何」時，請問你又是怎麼回答他的？當時你有諫勸嗎？今天你居然好意思說自己是忠臣，是二世不聽你的諫勸？搞了半天，全是別人的錯，你和二世又有何區別？

接下來李斯的話就更精采了，各位看下面這一段：

凡古聖王，飲食有節，車器有數，宮室有度，出令造事，加費而無益於民利者禁，故能長久治安。

李斯說：「古代的聖王，不管什麼樣的享受都有節度，絕不放縱慾望，絕不壓榨百姓，也不做對百姓沒有好處的事情，所以國家才能長治久安。」李斯這段話講得多好啊！可是當年建議始皇「收去詩書百家之語以愚百姓，使天下無以古非今」，禁絕一切古聖王之學的人是誰啊？不就是你李斯嗎！對始皇說「三代之事無足法也」的人又是誰啊？不還是你李斯嗎！

所以從這段話各位可以知道，李斯不是不懂得古聖王之道，也不是覺得不應該效法古人，他也知道這是國家長治久安之術，但他當年為了迎合秦始皇，根本睜著眼睛說瞎話，昧著良心說三代不足法。三代之事如果真的不足效法，那你李斯今天這段話又是講給誰聽呢？

其實你什麼都明白，但為了你自己的功名利祿，什麼話都可以昧著良心說，什麼事都可以昧著良心做，你和趙高一樣都是小人。如今的李斯，就要自食苦果了。

今行逆於昆弟，不顧其咎；侵殺忠臣，不思其殃；大為宮室，厚賦天下，不愛其費：三者已行，天下不聽。今反者已有天下之半矣，而心尚未寤也，而以趙高為佐，吾必見寇至咸陽，麋鹿游於朝也。」

「逆於昆弟」、「侵殺忠臣」、「大為宮室」，這完全說的就是二世皇帝胡亥的所作所為。只是前面李斯一句話也不吭聲，坐視天下糜爛，甚至還勸二世行督責之術。等到天下一半都被造反勢力占據了才講真話，還怪二世的心中沒有開悟。

「而以趙高為佐」，這才是李斯心中最恨的，二世皇帝你怎麼能相信趙高這種小人呢（難道要相信你李斯嗎）？李斯說：「我一定可以看到盜寇殺進咸陽，朝堂變成荒野讓麋鹿可以漫遊的那一天。」

李斯的預言對不對？他的預言太對了！完全正確！問題是，你這麼聰明又能預言，為什麼不早講？以前多少次丞相該講話的時候，你又說過什麼？當秦始皇倒行逆施的時候，你有沒有諫勸過他？如果是扶蘇當皇帝的話，天下會到這個地步嗎？現在的局面，到底是誰一手造成的？

李斯啊，你有這樣的預言能力，能看到秦朝的未來，你還不如好好想一想自己的未來該怎麼辦吧？那一天確實是會到來，這一點你沒說錯；但有一點你說錯了，你李斯看不到那一天了。

於是二世乃使高案丞相獄，治罪，責斯與子由謀反狀，皆收捕宗族賓客。趙高治斯，榜掠千餘，不勝痛，自誣服。

於是二世就派趙高審理丞相一案，務必查清楚丞相的罪責，為了追究李斯和兒子李由謀反的情狀，趙高將李斯的家族和賓客全部都逮捕下獄。為了讓李斯招供，嚴刑拷打的次數有一千多下，李斯不能忍受這樣的痛苦，只好含冤認罪。

是啊，人又不是鐵石做的，人是肉做的。每天被人這樣嚴刑拷打，什麼都會承認的。可是，李斯為什麼不乾脆自殺呢？在〈秦始皇本紀〉中，丞相馮去疾與將軍馮劫不都自殺了嗎？要知道，人生最可怕的不是死，而是生不如死。但李斯不肯自殺其實是有原因的，因為他相信自己一定會被二世赦免，甚至可能重新擔任丞相。

斯所以不死者，自負其辯，有功，實無反心，幸得上書自陳，幸二世之寤而赦之。

李斯之所以相信他一定會被赦免，共有三個理由：

第一點，自負其辯。李斯的口才、文筆那麼好，曾經幾次上書說服始皇和二世。論辯才無礙，天下沒有人比得上。

第二點，有功。李斯對秦朝有莫大的功勳，始皇的種種作為，「斯皆有力焉」。

第三點，實無反心。李斯只是想長保丞相之位，他從來沒有想過要反二世皇帝啊！如果要反，當初又何必立他呢？

李斯深信，只要讓他找到機會上書給二世，把他的冤屈陳述出來，二世就能醒悟，然後就會赦免他。

各位認為，李斯這三點想得好不好？這三點能不能幫他得到赦免？

李斯當然想得很好，這三點沒有任何問題。問題在於，李斯你知道這三點，難道趙高會不知道嗎？如果趙高知道，他會讓你發揮你的長才（上書！）嗎？當然不會！

……書上，趙高使吏棄去不奏，曰：「囚安得上書！」

趙高絕不會讓李斯的奏書送到二世手裡，他說：「一個囚犯也配上書！」只要不讓二世看到李斯的自辯，二世就會懷疑李斯有反心。一個有反心的人，那麼過去他的功績越高、才能越強，不是就越危險嗎？

沒錯，李斯想得很清楚，問題是他的敵人對他實在太了解了，因此想得更清楚。想得更清楚，就更會急於除掉他。

趙高使其客十餘輩，詐為御史、謁者、侍中，更往覆訊斯。斯更以其實對，輒使人復榜之。後二世使人驗斯，斯以為如前，終不敢更言，辭服。

趙高派遣了自己的門客前後十幾批人，假冒是二世皇帝派來的御史、謁者、侍中，輪流往復審問李斯。李斯每次看到，都以為真的是二世派來的使者，於是立刻說明實情，希望陳述他的冤屈。但每次只要李斯一喊冤，趙高派的人就再次嚴刑拷打。李斯被打到怕了，最後等二世真的派使者來審問李斯時，李斯以為這一次又和前面一樣，於是不敢多說話，最後就乖乖認罪了。

看到文中的「詐」字沒有？秦國除了「殺」以外，另外一招就是喜歡用「詐」。當年秦昭襄王騙楚懷王要談和，結果等楚懷王來了之後，就把他抓回咸陽，然後逼他割地。楚國不肯割地，就用武力進攻楚國，最後楚懷王就這樣死在秦國。可是不要忘了你騙人，人家也會騙你。秦國騙盡六國，最後自己的君臣也互相騙成一團，趙高現在用的也是這一套。上下交相詐，秦國就這樣滅亡了。

> 奏當上，二世喜曰：「微趙君，幾為丞相所賣！」

當趙高把李斯認罪的供狀呈給二世皇帝看，二世皇帝終於知道李斯果然要謀反！他高興地說：「要是沒有趙君，我幾乎被丞相給出賣了！」

從這個「喜」字就可以知道，二世心中早就懷疑李斯要造反了。如果二世曾經真心相信李斯，這時候他就不該是「喜」，而應該是「驚」。二世之所以「喜」，不過是因為證明了他原來想的沒錯。唉，二世既存此心，你李斯又怎能不死？

及二世所使案三川之守至，則項梁已擊殺之。使者來，會丞相下吏，趙高皆妄為反辭。

李斯既然被抓了，他的兒子李由當然也不能倖免。等二世派的使者到達三川郡去逮捕李由時，李由早就被楚盜項梁殺死了。等等，如果李由會被楚盜殺死，不就代表他沒有和楚盜勾結嗎？這樣一來，不就證明李斯父子是冤枉的嗎？

趙高當然不會讓這種事發生，所以等使者返回時，趙高就編造了一大堆李由謀反的供詞，這下更是證據確鑿了。其實這件事從頭到尾，二世就沒有懷疑過趙高陷害李斯的可能性。除了他相信趙高之外，更重要的是，二世從來就沒有真正相信過李斯。

二世二年七月，具斯五刑，論腰斬咸陽市。斯出獄，與其中子俱執，顧謂其中子曰：「吾欲與若復牽黃犬俱出上蔡東門逐狡兔，豈可得乎！」遂父子相哭，而夷三族。

二世二年七月，距離三人合謀篡位不到兩年，李斯就被趙高送上了刑場。李斯死得極為悲慘，他被判處了五種肉刑，最後腰斬在咸陽市上。當李斯被從監獄送上刑場時，是和他的中子（中子指的是非長子或么子的兒子）一起被押解，他回頭跟兒子說：「如今我還想再和你一同牽著黃狗出楚國上蔡城的東門，去打獵追逐狡兔，又怎麼可能辦得到呢！」

父子兩人牽著黃狗到上蔡的東門，去追逐狡兔取樂，這是平民老百姓的娛樂。李斯的意思是，就算現在還想回去做百姓，也不可得了。於是父子二人相對痛哭，所有和李斯有血緣關係的人全部都被殺光光了。請問李斯這樣的結局悲不悲慘？

李斯啊，在你的一生中曾經嘆了四次，但再怎麼嘆息，你也沒有改變你錯誤的道路，所以最後你就只有哭了。

但在這裡，我想問各位一個重要的問題：

李斯是個絕頂聰明的人物，他也曾經到達了人臣的頂點，多年執掌這個統一帝國中的莫大權勢，為什麼李斯最後會落得這樣的下場？他到底什麼地方做錯了？

有人可能會猜，難道老師的答案就是李斯一心追求名利富貴，所以得到了這樣的下場嗎？當然不對，答案沒有那麼簡單。世上有幾個人不追求名利富貴？李斯如果是因為追求名利富貴而得到這樣的下場，難道追求名利富貴的人都沒有好結局嗎？當然不是！

這個世界上有這麼多追求名利富貴的人，並不是人人都跟李斯一樣的下場，追求名利富貴而有好結局的人多得是。因此我們就必須問，為什麼同樣追求名利富貴，有人會得到好結局，有人沒有辦法得到好結局？這中間的道理究竟何在？

在回答這個問題之前，我想再問各位一個問題：

人生在世，莫不希望趨吉而避凶，這是人之通性。李斯的一生總想要追求吉，而最後卻得來了凶。請問人的吉凶，究竟從何而來？

中國有一部經典，專門在談吉凶。那部經典就是《易經》，《易經》被許多傳統讀書人推崇為五經之首，在中國也幾乎人人都知道這本書。但要真正明白《易經》所說的道理，就不能不讀〈繫辭傳〉，這是全書的總綱。《易經．繫辭傳》裡面，有一句話說的極好：

方以類聚，物以群分，吉凶生矣。

人的吉凶，究竟從何而來？人的吉凶，就從「物以類聚」而來！你是個什麼樣的人，你身邊就會聚集一群跟你一樣的人。當你處在這一群人之中，你的吉凶就已經注定了。

如果你是一個為了名利不擇手段而每天算計別人的小人，你身邊就會聚集一群為了名利不擇手段而每天算計別人的小人，你覺得在這一群人中，你會有好下場嗎？

如果你是一個心狠手辣的虎豹豺狼，你身邊就會聚集一群心狠手辣的虎豹豺狼，你覺得在這一群人中，你會有好結局嗎？

如果你是一個宅心仁厚的君子，你身邊就會聚集一群宅心仁厚的君子，那麼就算沒有大利，也絕不會有大害。

試問各位，趙高是一個什麼樣的人？秦始皇信任趙高，救過他一命，還讓他管玉璽，而趙高竟然能夠為了私心背叛秦始皇。你李斯去相信這樣的一個人，還要跟他合謀，你憑什麼覺得將來他不會背叛你？（在李斯死了之後，趙高果然又背叛了二世，還把他害死。關於這段經過，〈李斯列傳〉和〈秦始皇本紀〉又有著截然不同的記載，十分有趣，有興趣的朋友不妨自行比較。）

追求富貴不是壞事，孔子從來沒有說：「富貴於我如浮雲」，孔子說的是：「不義而富且貴，於我如浮雲」。中國文化反對的不是追求富貴，而是追求不義的富貴！

你李斯一心只想要富貴，為了富貴不惜昧著良心說假話，不惜出賣對你有恩情的秦始皇。你吸引來的，當然也是一心只想要富貴的人，這些人為了富貴，也不惜昧著良心說假話，也不惜出賣別人。你為了利害可以出賣別人，難道別人就不會為了利害而出賣你？你為了富貴，和這群小人聚集在一起，每天陰謀算計別人，你憑什麼覺得這群小人就不會陰謀算計你？跟這樣的一群人混在一起，你怎麼可能會有好下場？天下有這樣的好事嗎？沒有這個道理！

你李斯玩弄聰明，做了那麼多的壞事，背叛了最相信你的恩主，害死了他的繼承人，而你居然相信與你合謀的人不會背叛你，你會有好報？你李斯犯了這麼嚴重的錯誤，你怎麼能不付出這麼慘痛的代價？你李斯一生的悲慘結局，不就從這裡來嗎？

當然，可能有聰明的朋友會問我，我可不可以是個一心追求功名富貴的小人，可是我專門只跟君子交朋友？這個想法太好了！但是我想請問你，想跟君子交朋友，君子為什麼要跟你交朋友？君子也怕有一天被你出賣、被你陷害啊！

可能有更聰明的朋友要問我，那我隱藏、偽裝自己的本性總可以了吧？君子總會跟我交朋友了吧？很遺憾，那是不可能的。你的本性可以瞞過人一時，卻瞞不過人一世。《中庸》說：「莫見乎隱，莫顯乎微」，《大學》說：「人之視己，如見其肺肝然」，你自以為你隱瞞得過別人，卻不知在別人眼中卻是清清楚楚，相處久了都知道你是什麼貨色，你終究瞞不過人的！

所以古人講知人之法，最簡單的便是「不識其人，則視其友」。不認識這個人，我就看他的朋友都是什麼樣的人，我就知道他是個什麼樣的人了。為什麼？因為「物以類聚」，聚集來的必然是和你性子相近的人。如果這個人交的朋友都喜歡抽菸、喝酒、打麻將，只有他喜歡爬山、看書、聽音樂，天底下有這個道理嗎？

你是個君子，你身邊聚集的就會是一群君子，他們未必會對你的前途有什麼幫助，可是不會害你。你是個小人，你身邊聚集的就會是一群小人，小人只要有利可圖，什麼事情都做得出來。所以古人才說：「勢利之交，未有不凶終隙末者也。」小人今天跟你好，是因為有勢利可圖，一旦勢利盡了，他什麼壞事都是做得出來的，李斯的例子不就是一個最好的見證嗎？大秦無數代祖先辛辛苦苦的累積，就這樣最後亡在一群爭奪富貴的小人手裡。

既然如此，我們究竟要如何才能交往到理想的朋友，讓我們真正趨吉避凶呢？很簡單，改變你自己！你喜歡什麼樣的人來做你的朋友，就改變自己成為那樣的人。你改變不了別人，但起碼能改變你自己。如果你能成為一個真正有德之人，你身邊的朋友必然也都是有德之人，那才是真正的吉。你不是有德之人，你身邊來的全是一群小人，一時縱然是吉，終究是要凶終隙末的，這就是人生的選擇。人的一生能不能趨吉避凶，就看你自己的選擇！

第五章——將情感放在理智之上的結果

前面談了秦始皇的臣子們，現在我要帶著各位去看秦始皇的敵人們了。始皇要消滅六國，他的敵人自然不會少，但其中讓他印象最深刻的恐怕就是燕國的太子丹，因為太子丹派來的刺客荊軻，差一點要了他的命。

在漢代，流傳著許多荊軻刺秦王的故事版本，其中為今日所知的至少有三個版本。哪三個版本呢？第一個版本叫《燕丹子》，《燕丹子》是西漢的野史，也有人把它當作小說家言。不過各位要注意，漢代所謂的小說家和現代不同，並不是指純粹虛構的文學創作，而是指收集民間野史和軼聞，如《漢書・藝文志》所說的：「小說家者流，蓋出於稗官。街談巷語，道聽塗說者之所造也。」第二個版本是《三秦記》，《三秦記》也是一部記地方傳聞的書籍，還是一部野史。成書年代和作者並不很清楚，而只知道它可能是漢代的作品。第三個版本就是各位所熟知的《史記・刺客列傳》，這也是被

燕丹子敘
燕丹子三篇世無傳本惟見永樂大典紀相國昀旣
錄入　四庫書子部小說類存目中乃以抄本見付
閱十數年撿授家郎中馮翼刊入問經堂叢書及官
安德乃採唐宋傳注所引此書之文因故章孝廉舊
稿與洪明經頤煊校訂譌舛以篇爲卷復唐宋志三
卷之舊重加刊刻云燕丹子之著錄始自隋經籍志
盍本阮氏七錄然裴駰注史記引劉向別錄云督亢
膏腴之地司馬貞索隱引劉向云丹燕王喜之太子
則劉向七畧有此書不可以藝文志不載而疑其後
出藝文志法家有燕十事十篇雜家有荆軻論五篇
燕丹子敘　十
据注言司馬相如等論荆軻事則俱非燕丹子也古
之愛士者率有傳書由身沒之後賓客紀錄遺事報
其知遇如管晏呂氏春秋皆不必其人自著則此書
題燕太子丹撰者舊唐書之誣亦不得以此疑其僞
也其書長于敘事嫻于詞令審是先秦古書亦畧與
左氏國策相似學在從橫小說兩家之閒且多古字
古義云太子劒袂以劒爲鞘也畢事于前國策作畢
使豈古文使亦事字見說文汗簡也右手椹其胸葢
借椹爲戡說文戡刺也史記索隱引徐廣云一作抗
抗又抭字之誤說文深擊也史記及玉篇椹从手誤
矣拔匕首擿之說文以擿爲投玉篇擲同擿又作擿

●《燕丹子》

後人公認為正史的作品。

《燕丹子》這本書，在太史公之前便已廣為流傳。接下來，我將帶領各位一同經歷從野史到正史的過程，讓大家看看歷史是如何被寫成的。從《燕丹子》的書名，有些朋友就可以猜到書中的主角是燕太子丹，因此全書的一開始是這樣的：

燕丹子質於秦，秦王遇之無禮，不得意，欲歸。

燕太子丹在秦國做人質，秦王嬴政對他極其無禮，他在秦國十分失意，因此想回燕國。

《燕丹子》的作者在這裡，並沒有交代為什麼秦王要對燕太子丹無禮，但各位不必擔心，等後面在《史記・刺客列傳》中，就會看見原因了。

秦王不聽，謬言曰：「令烏白頭，馬生角，乃可。」

太子丹想要回國，但秦王卻不肯讓他回去。於是秦王就跟他說：「如果你能讓烏鴉白頭，讓馬生出角來，我就放你回國。」

等等，這應該是生物工程科學家的專業範疇吧？太子丹想必沒有這方面的教育素養，這不是擺明了為難人家嗎？

太子丹啊，你永遠回不去囉！

丹仰天歎，果烏白頭、馬生角，秦王不得已而遣之。

結果太子丹仰天一嘆，烏鴉立刻白頭，馬也生出角來，秦王只好不甘心地放他回去。啊，怎麼會有這種事！太太太不可思議了！這……真是生命的奇蹟啊！

過去有人常說，正史往往是官方的說法，是為了政治宣傳而服務，因此野史比較可信。但各位讀到這裡應該可以發現，古代的野史裡面往往混雜了大量的民間傳說甚至神仙故事，實在讓人很難相信。

因此我從不認為，有哪一本書是絕對可信的，個別事件得個別論證，這才是比較科學的態度。

為機發之橋，欲陷丹。丹過之，橋為不發。

於是秦王為了阻止太子丹回國，在他必經之橋上設置了重重機關（真是卑鄙）。只要太子丹走過這座橋，機關就會啟動，把太子丹給殺死。

結果太子丹經過的時候，機關竟然全部失效，半個都沒有啟動。在古代通常就會告訴你，這是因為太子丹有天命保佑，這是因為秦始皇倒行逆施，所以上天的意思是讓機關不發。不過那是古人的說法，有些事古人不懂。如果這種事發生在今天，我們就知道那八成是因為公家機關最低價招標的結果，最後一定是這種品質！

夜到關，關門未開。丹為雞鳴，眾雞皆鳴，遂得逃歸。

太子丹後來逃到了秦國國境的關卡，當時已是晚上。古代的關門都是白天開晚上閉，因此關門不開，太子丹不能過關。試想，秦王隨時可能反悔，過關分秒必爭，太子丹該怎麼辦？結果太子丹當場學雞叫（原來他還是口技高手），所有的雞聽到都跟著叫，於是守關士兵以為天亮了，就把關門打開，太子丹才逃離了秦國。

等等，這不就是孟嘗君雞鳴狗盜的故事嗎？怎麼主角又變成太子丹了？其實這就是野史中常出現的情況，往往把許多知名的故事變換主角，讓人不知是張冠李戴？還是事有巧合？

深怨於秦，求欲復之。奉養勇士，無所不至。

燕太子丹因為這樣，深深怨恨秦國。什麼叫做「求欲復之」？就是他想報仇！可是這仇，要怎麼報？論國勢，秦國強大；論軍隊，秦軍無敵。太子丹想來想去，想出來的方法和年輕時的張良一樣，就是用刺客（怎麼還來這招啊）！於是他開始招募天下勇士，對他們極盡所能的好。為什麼要這樣做？因為要這些勇士為他賣命！

《老子》說：「寵辱若驚」，不是只有辱才要驚，有時寵也要驚。所以年輕的朋友，如果遇見有人對你超乎常理的好，一定要小心，人家可能想買的是你的命！

為書與其傅鞠武曰：「……今秦王反戾天常，虎狼其行，遇丹無禮，為諸侯最。丹每念之，痛入骨髓。

太子丹寫了一封書信給他的老師鞠武，信中先說「……現在秦王違背天地間的常理，行為有如虎狼」。秦王做了什麼事情，讓太子丹如此憤慨？不是殘民以逞，不是搶男霸女，而是「遇丹無禮，為諸侯最」。秦國有著來自各國的使者和人質，而秦王獨獨對太子丹最為無禮，無禮的程度到了讓太子丹每每想到，就「痛入骨髓」的地步。各位看看，太子丹對秦王的恨到了什麼地步！

> 計燕國之眾不能敵之，曠年相守，力固不足。欲收天下之勇士，集海內之英雄，破國空藏，以奉養之。重幣甘辭以市秦，貪我賂，而信我辭。一劍之任，可當百萬之師；須臾之間，可解丹萬世之恥。

但問題是衡量燕國的軍隊打不過秦國，就算想和秦國長期對峙，恐怕都辦不到。該怎麼辦呢？太子丹想到的辦法，就是聚集天下的勇士英雄，用燕國的財力來奉養他們。同時用重金甜言來收買秦國，讓秦國因為貪圖賄賂而相信燕國的話。接下來，就可以實施太子丹真正的計畫。什麼計畫呢？就是刺殺！

太子丹認為，拿著一把劍去刺殺秦始皇，比帶一百萬軍隊去攻打秦國更有用；刺進去的一瞬間，就可以解除太子丹萬世的恥辱。太子丹真正想要的目標只有一個，他要秦王死！

若其不然，令丹生無面目於天下，死懷恨於九泉，必令諸侯指以為笑。……謹遣書，願熟之。」

如果辦不到呢？太子丹說，他活著覺得無顏見天下，死了也會懷恨於地下，因為這必然會讓諸侯們指著他恥笑。因此太子丹寫了這封信，希望師傅幫他好好想個辦法，來完成這個目標。

請問，如果你是太子丹的師傅，收到這樣的書信內容，你贊成還是不贊成？

我們看看鞠武如何回信：

鞠武報書曰：「臣聞快於意者虧於行，甘於心者傷於性。……事必成然後舉，身必安而後行。

鞠武的回信開頭就說：「快於意者虧於行，甘於心者傷於性」，行事只求一時稱心快意的這種人，最後必然對他自己是有所損傷的。所以《孫子兵法》說：「主不可以怒而興師，將不可以慍而致戰。」孫子認為發動一場戰爭的原因，絕對不可以因為情緒，絕對不可以因為理想，絕對不可以因為正義，絕對不可以因為和平；發動一場戰爭永遠只能因為一個原因，就是「我會打贏」！這也就是所謂的「事必成然後舉」。

而一個智者考量事情，向來是「未慮勝、先慮敗」。也就是在做事之前，先要考慮萬一事情失敗了以後，能不能承受這個代價？如果能承受才去做，如果不能承受失敗的代價就不要去做。這也就是所謂的「身必安而後行」。

鞠武勸太子丹的，完全是理智的做法。做事想成功，絕不能憑藉一時的感情和衝動，就如同我在《秦始皇——一場歷史的思辨之旅》中說過的，如果想要成功，你就必須把理智放在感情之上。

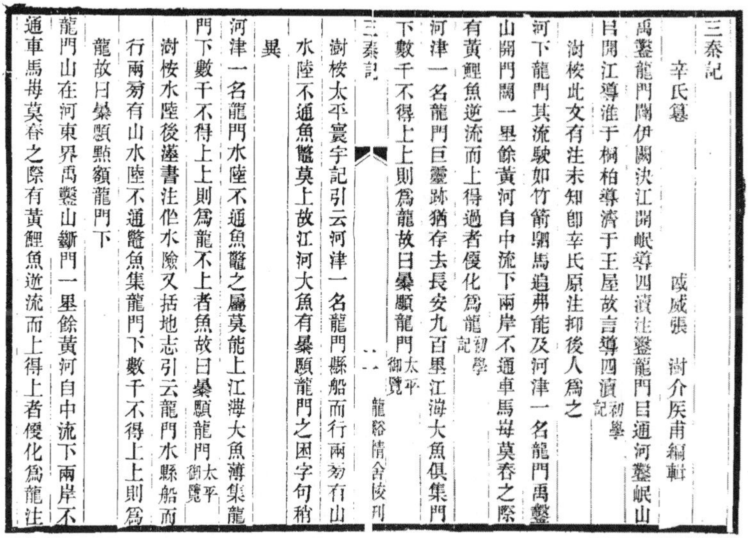
三秦記
辛氏篹　　　　咸威張　澍介侯甫編輯
禹鑿龍門闢伊闕決江開岷導四瀆注鑿龍門目通河鑿岷山
目開江導淮于桐柏導濟于王屋故言導四瀆初學記
澍校此文有注未知卽辛氏原注抑後人為之
河下龍門其流駛如竹箭駟馬追弗能及河津一名龍門禹鑿
山開門闊一里餘黃河自中流下兩岸不通車馬毋莫春之際
有黃鯉魚逆流而上得過者便化為龍初學記
河津一名龍門巨靈跡猶存去長安九百里江海大魚俱集門
下數千不得上上則為龍故曰暴顋龍門太平御覽
三秦記　　　　一　　　　龍谿精舍校刊
澍校太平寰宇記引云河津一名龍門縣船而行兩旁有山
水陸不通魚鼈莫上故江河大魚有暴顋龍門之困字句稍
異
河津一名龍門水陸不通魚鼈之屬莫能上江海大魚薄集龍
門下數千不得上上則為龍不上者魚故曰暴顋龍門太平御覽
澍校水陸後漢書注作水險又括地志引云龍門水縣船而
行兩旁有山水陸不通鼈魚集龍門下數千不得上上則為
龍故曰暴顋點額龍門下
龍門山在河東界禹鑿山斷門一里餘黃河自中流下兩岸不
通車馬毋莫春之際有黃鯉魚逆流而上得上者便化為龍注

●《三秦記》

……太子貴匹夫之勇，信一劍之任，而慾望功，臣以為疏。

鞠武接著說：「如今太子重視匹夫的勇武，相信刺客的用命，而想要獲得成功，臣以為這種想法實在是未經熟慮。」從這段話來看，鞠武顯然是反對刺客的。為什麼呢？因為派刺客去刺殺秦王，假如成功，秦國難道就會滅亡嗎？秦國倘若不亡，新王就勢必立刻進攻燕國以報國仇。假如失敗了，那燕國如何面對秦王的怒火？各國又會因此而援助燕國嗎？

那該怎麼辦呢？就算不派刺

客，秦國最後還不是要滅了六國？

臣願合從於楚，并勢於趙，連衡於韓、魏，然後圖秦，秦可破也。……太子慮之。」

鞠武提出個辦法，就是與楚、趙、韓、魏各國聯合一起對抗秦國，這是唯一能戰勝秦國的方法，希望太子丹能好好考慮。各位或許注意到，這份合縱名單中少了哪一個國家？對的，就是齊國。這一點，要等到《史記‧刺客列傳》才將它補正過來。

秦國想滅六國，天下皆知。鞠武的辦法看起來沒有新意，但其實是當時六國唯一可行的辦法，也就是「拖」！不要忘了，秦滅六國是各個擊破；當一國滅亡時，其他各國都在袖手旁觀或各自為戰。如果當時的各國能聯合抵抗，秦國絕對沒有辦法在短時間內就輕易統一天下，這樣還能等待日後的變化，替燕國找到一條生路。

太子得書，不說，召鞠武而問之，……曰：「此引日縵縵，心不能須也！」

太子得到了鞠武的回信，不悅，於是把他叫來當面詢問。太子為什麼不悅呢？因為鞠武的辦法是「拖」，這太慢了！太子丹希望越快看到秦王死越好，所以他說：「此引日縵縵，心不能須也」！「須」就是等待的意思，太子丹不說鞠武這個計策好不好，只說這種拖延時日的辦法實在太緩慢，我的心不能等待！

是啊，對一顆被仇恨所充滿的心來說，時時刻刻都被恥辱和痛苦煎熬，又怎能再等待呢？現在支持太子丹的，大概只有幻想著秦王被刺殺的那一刻，自己該有多麼開心快意。

請問：從太子丹的話來看，各位認為他是把理智放在感情之上，還是把感情放在理智之上？他安排這樣的刺殺，是有必勝的把握，還是為了圖一時的快意？

燕太子丹和秦王政剛好相反，他是把感情放在理智之上。一個把感情放在理智之上的人，他想的不是成功，而是為了求一時之快意而孤注一擲。這樣做或許一時會很爽，但是必須承擔後果。他從頭到尾想的都是心中的感受，而不是計畫的可行性。

從這一點來看，燕太子丹不是個智者，他是個賭徒。

鞠武曰：「臣為太子計熟矣。夫有秦，疾不如徐，走不如坐。今合楚、趙，并韓、魏，雖引歲月，其事必成。臣以為良。」

鞠武聽見太子的話，他回答說：「臣為太子已然反覆計算過了，對付秦國，快不如慢，奔跑（古代的「走」指的是跑的意思）不如坐下。現在聯合楚、趙、韓、魏等國家，雖然時間漫長，但這是萬全的做法，臣以為是良策。」

鞠武所提出的辦法，正是秦國最恐懼的事情，各位還記得前面李斯初見秦王時所說的話嗎？「諸侯復彊，相聚約縱，雖有皇帝之賢，不能并也」。用這個辦法最大的好處是，就算沒有辦法立刻打敗秦國，起碼各國滅亡得不會那麼快。因為下一刻會發生什麼事，沒有人料得到，立於不敗之地，才能等待時機，這也就是《孫子》所說的：「昔之善戰者，先為不可勝，以待敵之可勝」。

試問：如果你是滿懷仇恨的太子丹，聽到鞠武的辦法，你會接受嗎？如果不接受，你要如何說服鞠武？

燕太子丹的反應，保證出乎各位意料之外。

太子睡臥不聽。

太子丹居然躺下來裝睡，轉頭不聽鞠武說話！姬丹，你是得不到玩具就發脾氣的小孩嗎？

他為什麼這樣做？因為他講不過他的老師，他又堅持要做他想做的事情，聽不進師傅說的任何逆耳之言，他只想聽順他心意的話。這個人根本就是感情用事，對這樣的人，你跟他說什麼都是沒有用的。

鞠武曰：「臣不能為太子計。臣所知田光，其人深中有謀，願令見太子。」

太子曰：「敬諾！」

鞠武只好說：「臣不能為太子計。」是啊，對這種人，他只想聽順耳的話，誰能幫他出謀劃策？他又肯聽誰的話？但是鞠武是他的老師，面對這樣沒有理智的學生，他還是得盡他的責任，他向太子丹推薦了一個人叫做田光。「其人深中有謀，願令見太子。」這個人心思深沉，頗有計謀，鞠武將會把他引薦給太子。

太子這時候不是已經「睡臥不聽」了嗎？結果聽到師傅願意介紹田光，他立刻就醒過來說：「敬諾」，也就是我恭敬地答應您了！燕太子丹這個人，在六國的領袖之中已經算是以賢能出名的人物。各位不妨看看，他和秦始皇相比如何，為什麼一個人會成功而另一個人會失敗？

此外各位不妨注意一下，前面太子丹找的全是勇武之士，現在鞠武介紹的卻是智謀之士。因為成就大事，光是有勇不夠，必要有謀才成。鞠武啊，你明明反對這件事，但知道無可挽回之後，你還是要幫學生增加成功的機會。問題是，太子丹能體會你的苦心嗎？

> 田光見太子，太子側階而迎，迎而再拜。坐定，……太子膝行而前。

於是田光來見太子，太子站在階梯的側邊來迎接他。古代主人迎接客人，如果客人和自己的地位相當，主人會站在階梯的中間；站在階梯的側邊，代表客人的地位比主人高，這和「迎而再拜」一樣，這都是太子丹禮賢下士的做法（等等，那要是客人的地位比主人低呢？很簡單，那主人就不可能出來迎接了）。等坐定之後，各位看，太子一直不敢站起來，最後還「膝行而前」，來靠近田光身邊。太子為什麼這樣禮敬田光？因為太子需要他。

> 涕淚橫流曰：「丹嘗質於秦，秦遇丹無禮，日夜焦心，思欲復之。論眾則秦多，計強則燕弱。欲曰合從，心復不能。常食不識位，寢不安席。

太子丹涕淚橫流地說：「丹嘗質於秦，秦遇丹無禮。」各位看太子丹是不是碰到人就要說這兩句？可見這件事，在他心中留下了多大的陰影。

他「日夜焦心」，就是想要報仇！問題是論兵眾則秦國多，計力強則燕國弱，燕國不可能打贏秦國。一國之力不足，那就聯合其他國家抗秦吧？問題是太子丹又等不及。為了這件事，他常常不斷苦思，吃飯時連座位在哪裡都不知道，睡覺時連床席上都躺不安穩。

到底該怎麼辦呢？其實天下無難事，問題總是在於你願不願意付出足夠的代價？想做成一件事，就必然要考慮你要付出什麼樣的代價。但是太子丹真的不願意付出代價嗎？其實他願意的，因為接下來他說：

縱令燕秦同日而亡，則為死灰復燃，白骨更生。願先生圖之。」

就算讓燕國跟秦國同歸於盡，他也願意。因為這對他來說是莫大稱心快意之事，他就算成了死灰也會因此而復燃，就算成了白骨也會因此而重生。希望田光願意幫他想出辦法，完成他的心願。

這個人想要報仇，他也願意付出代價，即使代價是整個燕國也在所不惜。姑且不論，犧牲燕國是否就能完成太子丹的心願，但燕國碰到這樣的領導者，是不是所有百姓的悲劇？做為一個人，可以一時衝動快意，因為那是你的人生，你不後悔也就是了。可是作為國家領導人，你居然還只想求一己的稱心快意，那真是國家的悲哀。

田光曰：「此國事也，請得思之。」於是舍光上館，太子三時進食，存問不絕，如是三月。

田光說，這是國家大事，他要好好想一想。於是太子丹安排田光住在最好的館舍，每天親自送三頓飯來給田光（古代平民通常一天吃兩頓飯，早上叫「朝食」，下午叫「飧」。可能有人會問，那晚上呢？晚上平民當然早早上床睡覺，誰有多餘的燈燭錢啊？），對他噓寒問暖，如此經過了三個月。

太子怪其無說，就光辟左右，問曰：「……三月於斯，先生豈有意歟？」

各位注意看，三個月之後，「太子怪其無說」。

請問，從這句話來看，各位認為燕太子丹真的信任田光嗎？

沒有，他只是想要利用田光而已。信任與利用不同，利用是有期限的，燕太子的耐性也就短短三個月，過了三個月後還沒聽到田光的回答，他就覺得田光有問題了。

一個人不信任對方，卻還想依賴對方來成就大事，天下有這種道理嗎？如果你真不信任這個人，你一開始就不該跟他說你的真正圖謀，要知道「縱令燕秦同日而亡」這種話，萬一傳到秦始皇的耳朵裡面，會替你的國家帶來多大的禍患。如果你真信任這個人，就不該在這麼短的時間裡懷疑他。燕太子丹外表看來禮賢下士，但實際是個什麼樣的人，各位就懂了。

太子丹命令左右退下，然後問田光：「三個月已經過了，先生您應該有打算了吧？」太子丹這樣一問，田光就什麼都明白了。

> 田光曰：「……太子聞臣時已老矣。欲為太子良謀，則太子不能；欲奮筋力，則臣不能。然竊觀太子客無可用者。」

各位看田光這話說得多好，「欲為太子良謀，則太子不能」，我想幫您出計策，可惜您辦不到。為什麼呢？因為太子丹一心就想報仇，就想圖一時的快意，有再好的良謀他也不能接受。「欲奮筋力，則臣不能」，叫我去刺殺秦始皇，我沒辦法。為什麼呢？因為「太子聞臣時已老矣」，田光現在已經是個老頭子了。

那田光這三個月都在幹嘛呢？就在享受太子丹的招待嗎？不是的，他在觀人。他不能去，就必要找尋能完成任務的人。但他私下觀察太子所養的這些門客，沒有一個人是可用的！各位就可以看出，太子丹看人的眼光究竟如何？

夏扶，血勇之人，怒而面赤；宋意，脈勇之人，怒而面青；舞陽，骨勇之人，怒而面白。光所知荊軻，神勇之人，怒而色不變。……太子欲圖事，非此人莫可。」

那田光並不是信口開河，他舉出一個個實證，全是太子丹最看重的門客。

夏扶，這個人一生氣臉色就發紅，從面相可知他是血勇之人。宋意，這個人一生氣臉色就發青，從面相可知他是脈勇之人。秦舞陽，這個人一生氣臉色就發白，從面相可知他是骨勇之人。

我前面說過《燕丹子》是野史，野史中難免會出現許多民間的傳聞和軼事。在田光來看這三個人，都只是表面上的勇敢，不能派他們去做大事，所以他才說「然竊觀太子客無可用者」。做大事需要什麼樣的人呢？需要神勇之人。什麼叫做神勇？神勇是「怒而色不變」，那就是田光要推薦的荊軻，為什麼要這樣的人呢？

請問各位，太子丹要派這些人去做什麼？答案是，做刺客！一個刺客，如果在八百里外人家就看出你是要來報仇的，誰還敢放你進來？你還能成功嗎？天下真正的第一等人，不是碰到事情就張揚的人，而是不顯山不露水的人，「怒而色不變」的人才能使人沒有防備，才能夠辦成大事。

而且荊軻不只是色不變，他還是「神勇」。在太子丹的門客中，最厲害的是秦舞陽（也有的書寫作秦武陽）。秦舞陽是什麼樣的人？他是燕國名將之後，十三歲時當街殺人，沒有人敢正眼看他，所以太子丹覺得他是燕國最厲害的勇士。

秦舞陽是不是勇士？當然是。但他的「勇」，是建立在他覺得殺了對方還可以活下來的前提下。但刺殺秦始皇，秦舞陽你以為你還能活著回來嗎？什麼叫做「神勇」？就是你明知此去必死無疑，但即使如此還是視死如歸。九死一生，還敢前去，不過骨勇而已；十死無生，還敢前去，連臉色都不改，這才叫做「神勇」！色厲者內必荏，要刺殺秦始皇，一定要是荊軻這樣的人才可以！

而從後來秦舞陽的表現來看，果然給田光說對了。

太子下席再拜曰：「若因先生之靈，得交於荊君，則燕國社稷長為不滅，唯先生成之。」田光遂行。太子自送，執光手曰：「此國事，願勿洩之！」光笑曰：「諾。」

太子聽了田光的話後，「下席再拜」，多麼的恭敬！他對田光說，如果田光能介紹荊軻給他認識，燕國國祚就可以保全長久了，希望田光一定要幫他。於是田光立刻離開去請荊軻，太子親自送他出府。但就在分開的時候，太子丹抓著他的手，忽然說了一句話：「此國事，願勿洩之」，請田光不要洩露這件大事。田光聽了這句話，笑著答應了。

遂見荊軻，曰：「……夫燕太子，真天下之士也，傾心於足下，願足下勿疑焉。」荊軻曰：「有鄙志，常謂心合意等，沒身不顧，情有乖異，一毛不拔。今先生令交於太子，敬諾不違。」田光謂軻曰：「蓋聞士不為人所疑。太子送光之時，言此國事，願勿洩，此疑光也。是疑而生於世，光所羞也。」向軻吞舌而死。

田光見了荊軻，對他說：「燕國的太子，真是天下之志士，他對您十分愛重，希望您對他不要有所疑惑。」荊軻回答說：「我有著粗鄙的志願，常對自己說，如果遇上心意相合的人，就算為了他去死也不回頭；如果遇上性情不合的人，就算是一根毫毛也不願拔給他。現在先生命我結交太子，我將恭敬地承諾此事，絕不違背。」

荊軻答應了田光，田光總算完成了任務。但接下來的發展卻出人意料，田光說：「蓋聞士不為人所疑。」一個人既以賢士自許，就不應該有被人懷疑之處。然而「太子送光之時，言此國事，願勿洩」，這就是太子丹懷疑田光可能會洩露此事，因此才要如此交代。田光既然被太子丹懷疑，就代表在太子心中，他不是真正的賢士，否則又何必交代這段話？這無疑是一種侮辱，田光覺得他不願忍辱偷生，所以就咬舌自盡了。

試問：從此事前後的經過來看，為什麼田光要這麼做？

田光所以自殺，主要有兩個原因。第一個原因是他義不受辱，各位可能無法理解，但先秦兩漢時的人和今天的人很不一樣，那時的人常常把恥辱看得比生命還要重要。田光覺得太子丹不相信他，這是他的恥辱，他又不能對太子丹報復來雪恥，所以只好自殺。第二個原因是，太子丹既然懷疑了你，你又知道他這麼大的秘密，你覺得他真的可能放你活在世上嗎？你覺得他在圖謀未成之前，真的不會對付你嗎？田光也明白，只有一死才是能讓太子丹真正放心的辦法。

既要貿然託付大事，又不敢真的相信對方，從這裡就可以看出，太子丹不過是個凡夫，這個人成不了大事。

荊軻之燕，太子自御，虛左，軻援綏不讓。

荊軻到了燕國後，太子親自幫他駕車，把左邊比較高貴的位置讓給了荊軻，荊軻抓住了車上的繩子（這就是「綏」，用來幫助人上車）立刻上車，完全沒有謙讓的想法。

等等，太子丹現在做的，不又是用的和接待田光同一類辦法嗎？這個人在需要用人的時候，極盡禮賢下士，如今也是。但從田光的遭遇來看，太子丹不會真的相信任何人，不信各位等著看。

至，坐定，賓客滿坐。軻言曰：「田光褒揚太子仁愛之風，說太子不世之器，高行厲天，美聲盈耳。軻出衛都，望燕路，歷險不以為勤，望遠不以為遐。今太子禮之以舊故之恩，接之以新人之敬，所以不復讓者，士信於知己也。」

到了宴會場所後兩人坐定，太子為了表達對荊軻的重視，請來了滿座的賓客。荊軻說：「田光褒揚太子您仁愛的風範，稱揚太子遠超世間的器宇，說您的行為與天同高，頌揚的聲音充滿我的耳朵。所以我從衛都而來，向著通往燕國的道路，歷經險阻而不自以為勤，路途漫長而不自以為遠。現在太子因為田光先生的舊恩而禮遇我，又加上了對初來新人的敬重。我之所以沒有一再謙讓，就是要表明賢士終於遇上得以讓他伸展的知己。」

荊軻這段話說得多好，而從這段話中還表露了一段訊息，原來田光先生邀請荊軻時，他還在衛國，是應其邀請才來燕國，這一點和《史記》記載的完全不同。

太子曰：「田先生無恙乎？」

太子聽見了荊軻提起了田光，馬上加以問候，但荊軻給了他一個令人震驚的答案。

燕太子丹像

軻曰：「光臨送軻之時，言太子戒以國事，恥丈夫而不見信，向軻吞舌而死矣。」太子驚愕失色，噓唏飲淚曰：「丹所以戒先生，豈疑先生哉？今先生自殺，亦令丹自棄於世矣！」茫然良久，不怡。

荊軻說：「田光送我離開之時，對我說太子請他不要洩漏國家大事，他覺得大丈夫不能被人信任是一件羞恥的事，因此咬舌自盡了。」太子大驚失色，涕淚俱下地說：「丹所以戒先生，豈疑先生哉？」意思是，我只是想提醒先生，哪裡是要懷疑他呢？

這不是假話嗎？你不懷疑他，問那一句幹嘛？如果這是真話，那麼你所以問那一句，不就是因為你克制不了自己的擔心嗎？要記住，沒事多講話的人，通常都是不能克制心中衝動的人，這樣的人很難成就大事。

太子丹又說：「現在先生自殺了，也讓我無顏面對世間了。」他茫然許久，都覺得不高興。

次日置酒請軻，酒酣，太子起為壽。夏扶前曰：「聞事無鄉曲之譽，則未可與論行；馬無服輿之伎，則未可與稱良。今荊君遠至，將何以教太子？」欲微感之。

第二天太子又置辦酒宴招待荊軻，等到酒酣耳熱時，太子起來敬酒。這時候太子有個門客叫夏扶（血勇之人！）突然站出來說：「我聽說一個士人如果在家鄉沒有聲譽的話，這種人就沒有值得稱道的言行（說誰呢？）；一匹馬如果連拉車都拉不好，就沒有資格被稱為好馬。荊君遠道而來，請問要拿什麼來教太子？」

夏扶的話是什麼意思呢？我翻譯一下，就是：

你荊軻是個什麼東西？我從來沒有聽過你這個人，你真的有那麼了不起嗎？你在家鄉沒有聲譽，也沒有足以讓人傳聞的才能，憑什麼位居我們這些門客之上？又有什麼資格坐在這裡讓太子為你敬酒？

各位想想，一個外國人突然出現，讓太子如此盛大招待，原本的這些門客會做何感想？不過夏扶第一個就跳出來，這人這麼衝動，田光果然說得沒錯，真是血勇之人。夏扶「欲微感之」，希望用隱微的方式讓荊軻自己知道羞愧。請問荊軻該怎麼回答？

軻曰：「士有超世之行者，不必合於鄉曲；馬有千里之相者，何必出於服輿。昔呂望當屠釣之時，天下之賤丈夫也；其遇文王，則為周師。騏驥之在鹽車，駑之下也；及遇伯樂，則有千里之功。如此在鄉曲而後發善？服輿而後別良哉？」

荊軻回答：「士有超世之行者，不必合於鄉曲；馬有千里之相者，何必出於服輿。」有超乎常世才能的賢士，他家鄉的人未必能夠看得出來；一匹千里好馬，也不是靠著拉車來決定是否合乎資格。他又舉了兩個例子：第一個是姜太公的故事，當年姜太公默默無名時，沒有人看得起他，最後周文王卻看中了他，最後尊之為師；第二個是伯樂遇到千里馬的故事，伯樂有一次看到一匹千里馬在拉一台鹽車，到了山坡拉不上去，最後伯樂抱住千里馬痛哭，牠怎麼會落到這樣的環境去！最後荊軻說：「如此在鄉曲而後發善，服輿而後別良哉？」從這兩個例子來看，你怎麼能靠鄉人的評價來論斷一個人的良善？又怎麼能靠拉車來決定一匹馬的好壞？

荊軻的話是什麼意思呢？我翻譯一下，就是：

你夏扶是個什麼東西？你看不出來我比你們強，是因為你沒長眼睛！如果你是周文王與伯樂，不就能看出我是姜太公和千里馬了嗎？

……坐皆稱善。竟酒，無能屈。太子甚喜，自以得軻，永無秦憂。

荊軻辯才無雙，大家都覺得他說得好。這裡的「竟」是動詞，當「終」字解，就是酒席一直喝到最後，沒有人能在言辭上屈服荊軻。太子也非常高興，他覺得荊軻才華出眾，有了他就不必擔心秦國了。跟各位講這一段，不是為了講荊軻有多了不起，事實上野史的描述難免有誇張之處。但我要各位特別注意酒宴中的一個人，一個本來應該講話卻不講話的人。是誰呢？那就是燕太子丹。

在夏扶質疑攻擊荊軻時，太子丹卻始終沒有講話。夏扶是太子丹的門客，太子丹如果真的相信荊軻，又為什麼讓他的門客這樣無禮盤問荊軻？很簡單，因為他並不真相信荊軻啊！太子丹表面上要維持自己禮賢下士的形象，對荊軻客客氣氣。但是初來乍到，他對田光先生的話並不真的相信，只好讓門客來考驗你。大庭廣眾之下，如果荊軻鬥不過原來的門客，就會自己感到羞恥走掉；如果荊軻鬥贏了原來的門客，才能證明他真是個能力出眾的人。

田光先生拿命去推薦荊軻，太子丹就這樣的胸襟，田光真是白死了。

第六章——如何刺殺秦王？

接下來的故事，就更加誇張了。

後日與軻之東宮，臨池而觀。軻拾瓦投龜，太子令人奉槃金。軻用抵，抵盡復進，軻曰：「非為太子愛金也，但臂痛耳。」後復共乘千里馬。軻曰：「聞千里馬肝美。」太子即殺馬進肝。暨樊將軍得罪於秦，秦求之急，乃來歸太子。太子為置酒華陽之臺。酒中，太子出美人能琴者。軻曰：「好手琴者！」太子即進之。軻曰：「但愛其手耳。」太子即斷其手，盛以玉槃奉之。

後日，燕太子丹帶著荊軻往自己住的東宮去，兩人臨池觀賞風景。荊軻大概是閒著沒事幹，就拿起地上的破瓦片去投擲池子裡的烏龜（你看這人多無聊）。太子看到荊軻喜歡投擲烏龜，就立刻派人奉上一盤金子，叫他用金子來投擲烏龜。荊軻看到太子這樣的美意，只好拿起金子來投擲，投完了一盤，太子再拿一盤讓他繼續投。荊軻婉謝，太子可能表示：「您千萬不要客氣，我一點都不愛惜這些金子。」荊軻只好說：「我不是因為替您愛惜金子，是丟了太多次，我手臂痛而已。」

後來有一次，太子丹和荊軻共乘一匹千里馬。千里馬是非常難得的好馬，兩人大概聊到美食，荊軻忽然講到，他聽說千里馬的肝味道非常好吃。荊軻不過是隨口一句話，太子丹立刻殺了這匹千里馬，把千里馬肝做成菜給荊軻吃。

這兩個還不夠誇張，後面還有更離譜的。

秦國的將軍樊於期獲罪逃亡，秦國到處急於追捕他，樊於期就來投靠燕太子丹。太子丹在華陽之臺設置酒宴款待，酒宴中，太子丹召來一名美人鼓琴助興。結果荊軻不過誇了一句：「真是彈得一手好琴！」結果太子立刻表示，要把這名美人送給荊軻。荊軻立刻推讓，覺得不能奪人所愛，於是說：「我只是喜歡她那雙手而已。」但荊軻沒想到，太子立刻把美人的兩手砍斷，用玉盤呈給荊軻。

太子丹難道真的以為，荊軻會喜歡那一雙斷手嗎？當然不可能。太子丹只是要處處在人前表現，他不愛黃金、不愛千里馬、不愛美人，就只重視你荊軻一個人。試問如果你是荊軻，你感不感動？

太子常與軻同案而食，同床而寢。後日，軻從容曰：「軻侍太子，三年於斯矣，而太子遇軻甚厚，黃金投龜，千里馬肝，姬人好手，盛以玉槃。

荊軻像

太子丹對荊軻比田光還好，對田光只是「三時進食，存問不絕」，對荊軻則是「常與軻同案而食，同床而寢」。後來有一天，荊軻從容對太子說：「我服侍太子，到現在已經有三年了，而太子對我如此厚待。」什麼樣的厚待呢？「黃金投龜，千里馬肝，姬人好手，盛以玉槃」，荊軻對此三事念念不忘，可見太子丹的所作所為確實獲得了效果。

凡庸人當之，猶尚樂出尺寸之長，當犬馬之用。今軻常侍君子之側，聞烈士之節，死有重於太山，有輕於鴻毛者，但問用之所在耳。太子幸教之。」

荊軻說：「即使是一個平凡人受到這樣的對待，都應該把自己微不足道的長處拿出來，就算做狗做馬也要盡力回報」。「尺寸之長」、「犬馬之用」，都是荊軻的自謙詞。

他接著說，我荊軻如今得以常常隨侍君子之側，聽說「烈士之節，死有重於太山，有輕於鴻毛者」。人莫不有死，但死亡的意義截然不同，「但問用之所在耳」，就看你為了什麼而死。「死有重於泰山，有輕於鴻毛者」，這句話便是首見於《燕丹子》，後來又因太史公的〈報任少卿書〉用此句而流傳千古。（關於《燕丹子》和《史記》成書前後順序的問題，學者們有各種不同的意見，在這裡無法一一考辨。但個人認為，《燕丹子》成書在《史記》之前的說法更為可信。）

「太子幸教之」，這是什麼意思呢？荊軻就是告訴太子丹，我不是一個平庸之人，你給我這樣的厚待，我猜測您就是要我去死（所以荊軻才說「死有重於泰山，有輕於鴻毛者」），現在請您告訴我，您要我死在哪裡？

太子斂袂，正色而言曰：「丹嘗遊秦，秦遇丹不道，丹恥與之俱生。……」

太子鄭重對他行禮，非常嚴肅的對荊軻說出了他真正的圖謀。「丹嘗游秦，秦遇丹不道，丹恥與之俱生」，真是每次都要講這一段，這麼多年了還始終念念不忘。不過這次總算忍耐了三年而不是三個月。太子丹啊！你確實是進步多了。

軻曰：「今天下彊國莫彊於秦。今太子力不能威諸侯，諸侯未肯為太子用也。太子率燕國之眾而當之，猶使羊將狼，使狼追虎耳。」太子曰：「丹之憂計久，不知安出？」

荊軻說：「當今天下強國，沒有能比秦國更強的國家。如今太子的力量又不足以威服諸侯，諸侯未必肯為太子所用。太子如果率領燕國的軍隊去對抗秦國，那就像想要用羊去統領狼，用狼來追老虎一樣。」太子丹說：「你說的事我也煩惱很久了，該怎麼辦呢？」

放心，荊軻有辦法！

軻曰：「樊於期得罪於秦，秦求之急。又督亢之地，秦所貪也。今得樊於期首、督亢地圖，則事可成也。」

荊軻說：「樊於期獲罪逃亡，秦國到處急於追捕他；而燕國督亢（今河北省北部）的土地，又是秦國一直想要得到的。如果給我樊於期的頭和督亢的地圖，這件事就能辦成了。」

為什麼要這兩樣東西？請問各位，燕國跟秦國是什麼關係？太子丹和秦王政又是什麼關係？你太子丹恨秦王，秦王難道會不知道嗎？你太子丹如果派使者去見秦王，秦王能沒有防備嗎？他憑什麼要讓使者接近他？除非你願意提供秦王一心想要的東西，他非親眼看到那樣東西才會甘心，那會是什麼？

荊軻現在告訴太子丹，那就是樊於期的頭和督亢的地圖，古人獻圖就代表獻地，只有這兩樣東西才能夠取信于秦王。不愧是荊軻啊，這三年沒白吃飯，果然幫太子丹想出了接近秦王的辦法。太子丹啊，你用荊軻，果然用對人了！

荊軻告訴了太子丹這個辦法，太子丹又會怎麼說？

太子曰：「若事可成，舉燕國而獻之，丹甘心焉。樊將軍以窮歸我，而丹賣之，心不忍也。」

太子丹只願答應其中一個條件，他說：「如果能讓刺殺一事成功，就算將整個燕國奉上，丹也甘心。」意思就是，何況只是督亢一地呢？但是「樊將軍以窮歸我，而丹賣之，心不忍也」，我不能去出賣一個相信我的人，我不忍心做這種事，這是不對的！

唉！姬丹啊，有些話我真不知怎麼跟你說才好。就一個普通人來說，你這是仁德，這是講義氣。可是你立下了刺秦那麼大的願望，世上不可能有不必付出代價就能完成願望的好事。你為了報個人的私仇，連整個國家的命運和未來都押上去了，而居然在這個時刻於心不忍？慈不掌兵，你如果真的於心不忍，就應該放棄你復仇的圖謀；如果你不肯放棄復仇的圖謀，就不應該吝惜樊於期，難道一個樊於期的頭比你燕國全國百姓的性命更重要嗎？

太子丹這個人，真的不是個做大事的人。想要得到天下最難得到的東西，卻吝於付出代價。這個也不願意，那個也不願意，這個也捨不得，那個也捨不得，這種人只配做個田舍翁，能夠做什麼大事？把性命託付給這種人的人，真是何其愚蠢。

太子丹，你是個好人，但蠢得太可笑了；燕國的百姓，都是好百姓，但他們真的太可悲了。

軻默然不應。

換了你是荊軻，聽到太子丹說這種蠢話，恐怕也只能目瞪口呆，閉嘴不講話，你還能怎麼辦？

> 居五月，太子恐軻悔，見軻曰：「今秦已破趙國，兵臨燕，事已迫急。雖欲足下計，安施之？今欲先遣舞陽，何如？」

又過了五個月，荊軻沒有再說任何話，太子擔心荊軻是不是後悔了，於是對荊軻說：「今秦已破趙國，兵臨燕，事已迫急。」意思就是，秦國已經要兵臨城下，時間已經快要來不及了。「雖欲足下計，安施之？」我很願意等你想出好計謀，但如果秦國打了過來，就算你想出來了，又怎麼能施行？意思就是，你別再拖了。等等，荊軻的計謀不能施行，不就是因為你捨不得嗎？現在，又都是別人的錯嗎？

「今欲先遣舞陽，何如？」太子丹說，我先派秦舞陽去刺殺秦王，你覺得怎麼樣？

怎麼樣？當然是不怎麼樣！這是什麼爛構想。如果秦舞陽就能成功，你還找荊軻幹嘛？如果秦舞陽不能成功，不就是打草驚蛇，這樣荊軻要如何成功？還是，你這根本就是試探，要看荊軻的反應？可見太子丹最後還是懷疑荊軻，他這個人從頭到尾，根本就沒有真心相信過任何人。

不過這次總算又忍了五個月，總是比田光那時好，也算是有進步了。

軻怒曰：「何太子所遣，往而不返者，豎子也！軻所以未行者，待吾客耳。」

荊軻非常生氣，因為你要用我，卻根本不相信我！「何太子所遣，往而不返者，豎子也！」往而不返，就是送死的意思。如果只是派一個人去送死，那不過就是豎子。做事的目的是要成功，不是要去做烈士。

做事要怎麼樣才能成功？《孫子兵法》不是已經說得很清楚了嗎？「多

算勝，少算不勝，而況於無算乎」，事前要有萬全的準備，才能夠確保成功。而這些準備之中，最重要的就是人才。「軻所以未行者，待吾客耳。」荊軻為什麼遲遲不肯出發？他就是在等待他的門客，那個門客同樣是個有才之人，只有兩人合作，才能擔保這個事萬無一失。

試問：如果你是荊軻，這一刻碰上了不按你的計畫做，卻又急著要你出發的燕太子丹，你該怎麼辦？

不去，燕太子丹的耐性還能有多久？其他的門客又會如何看你？去，沒有樊於期的頭，這樣根本就是白白送死，讓天下人笑話，你的命就這麼賤嗎？

荊軻的選擇是，按自己的計畫辦，把事做成定局！

於是軻潛見樊於期曰：「聞將軍得罪於秦，父母妻子皆見焚燒，求將軍邑萬戶、金千斤，軻為將軍痛之。今有一言，除將軍之辱，解燕國之恥，將軍豈有意乎？」

太子丹不找樊於期，荊軻自己去！

荊軻私下去見樊於期，對他說：「聞將軍得罪於秦，父母妻子皆見焚燒」，秦法嚴酷，樊於期全家都死光光了。秦國追捕樊於期，懸賞「邑萬戶、金千斤」，幾乎天下人人都想殺他，所以「軻為將軍痛之」。但荊軻有辦法，能夠「除將軍之辱，解燕國之恥」，完成了樊於期的心願，又回報了燕國，就看他是否同意？

於期曰：「常念之，日夜飲淚，不知所出。荊君幸教，願聞命矣！」

樊於期回答說：「常念之，日夜飲淚，不知所出。」他每天想起家人就哭泣，卻不知如何是好。現在幸好遇見了荊軻來教導他該怎麼做，於是他對荊軻說：「請告訴我，到底應該怎麼辦？」

荊軻的回答是，把你的頭給我！

軻曰：「今願得將軍之首，與燕督亢地圖進之，秦王必喜。喜必見軻，軻因左手把其袖，右手揕其胸，數以負燕之罪，責以將軍之讎。而燕國見陵雪，將軍積忿之怒除矣。」

荊軻說，「今願得將軍之首，與燕督亢地圖進之」，只要有您的頭和燕國督亢的地圖送給秦王，「秦王必喜」。因為這是秦王真正想要的東西，送禮就要送人真正想要的才有用。

荊軻的計畫是，秦王高興就會親自見荊軻，到時荊軻左手抓住秦王的袖子，右手把匕首捅到他的胸裡面，親自數落他對不起燕國的罪過，責備他迫害樊於期的冤仇。那時燕國被欺凌的恥辱就能洗雪，樊於期的憤恨也就能消除了。

於期起，扼腕執刀曰：「是於期日夜所欲，而今聞命矣！」於是自剄，頭墜背後，兩目不瞑。太子聞之，自駕馳往，伏於期屍而哭，悲不自勝。良久，無奈何，遂函盛於期首與燕督亢地圖以獻秦，舞陽為副。

樊於期像

樊於期聽到荊軻的計畫後，馬上站起來拿著刀說：「這是我日夜盼望想知道的方法，終於有人告訴我了！」於是他立刻割脖子自殺。各位看看野史的描述，「頭墜背後」，表示樊於期有多麼決絕！「兩目不瞑」，因為他還沒看到仇人的結局。

不愧是樊於期，有種！比那個優柔寡斷的太子丹強！

太子丹聽說此事後，立刻自己駕著車飛馳到樊於期的住所，趴在樊於期的屍體上痛哭不止。「良久，無奈何」，人死都死了，還能怎麼辦？只好將樊於期的頭裝進木匣之中，加上燕國督亢的地圖做為獻給秦國的禮物。再派秦舞陽做為荊軻的副使。

也就是說，太子丹決定不等荊軻那個門客了，他還是寧可相信自己的門客，而忘了田光先生說的話：「然竊觀太子客，無可用者。」

荊軻入秦，不擇日而發，太子與知謀者皆素衣冠送之，於易水之上。荊軻起為壽，歌曰：「風蕭蕭兮易水寒，壯士一去兮不復還。」高漸離擊筑，宋意和之。為壯聲則髮怒衝冠，為哀聲則士皆流涕。二人皆升車，終已不顧也。二子行過，夏扶當車前刎頸以送。

荊軻入秦，沒有挑日子就出發了，可見太子丹催得有多急。出發的這一天，太子丹和知道這項計畫的人都穿上白色的衣冠，到易水的北邊來送行（水北曰上，否則難道是站在易水水面上送行嗎）。各位注意這一段，這就是流傳千古的「易水送別」！

荊軻起來敬酒，高唱那流傳千古的名句：「風蕭蕭兮易水寒，壯士一去兮不復還。」他的好友高漸離擊筑，宋意唱和。唱到高亢壯烈的部分，則人人怒髮衝冠；唱到悲哀淒涼的部分，則人人痛哭流涕。最後荊軻與秦舞陽兩人上車，踏上往秦國的必死之旅，從頭到尾也沒有回頭過。等車子經過夏扶時，夏扶當著車前面自殺，來為兩人送行。

「易水送別」這一段，即使兩千多年後讀來，都讓人感覺到那一幕場景

的悲壯。可是我問各位，太子丹現在要做的是偷襲刺殺，你找這麼多人到易水那邊去哭什麼哭？何況還有人自殺？名義上，你是要送外交使者出使秦國，有必要這麼悲壯嗎？你就不怕消息走漏，讓秦王生疑？你就這麼有把握，你的門客裡沒有一個秦國的間諜？萬一有秦國的間諜，把這件事洩露了出去，你還能成功嗎？

從這件事就可以看出，太子丹這個人做事有多麼情緒化，有多麼不謹慎小心！小不忍則亂大謀，真是蠢貨！

二子行過陽翟，軻買肉爭輕重，屠者辱之。舞陽欲擊，軻止之。

●《秦併六國平話》中所描繪的「易水送別」

兩人往秦國而去，準備去執行一個有史以來最困難的刺殺任務。過去歷史上刺殺的對象，不外乎就是大夫、權相、國君、霸主，而這一次要刺殺的，是即將成為統一天下的帝王。

《燕丹子》在這裡，又安插了一個小故事。說這兩個人經過陽翟的時候，荊軻去買肉（使團人手真是不足啊！），在市場上跟人爭斤兩輕重。什麼意思呢？想必那個賣肉的屠夫，必定偷斤減兩了，結果屠夫還侮辱荊軻。受到這樣的侮辱以後，秦舞陽氣得當場就要把這個屠夫痛打一頓，荊軻馬上阻止他。

為什麼？成大事者，不顧小節。你們兩個人現在是代表燕國出使，要進行這麼艱巨的任務，你在這裡跟屠夫爭，萬一不小心把屠夫給打死了，鬧出人命官司來了，秦國會不會特別注意你們這對使臣？秦國注意你了，只要一加防備，你要成功就更不可能了。要做大事的人，怎麼能夠不忍一時？這裡就可以看出神勇和一般之勇的差別，到底在什麼地方？

西入秦，至咸陽，因中庶子蒙白曰：「燕太子丹畏大王之威，今奉樊於期首與督亢地圖，願為北蕃臣妾。」秦王喜。百官陪位，陛戟數百，見燕使者。

他們進了秦國到了咸陽，藉著中庶子蒙白的引見，對秦王表示：「燕國的太子丹畏懼大王的威嚴，現在獻上樊於期的頭和督亢的地圖，希望能夠歸附秦國，成為北方卑微的藩屬。」

秦王聽了，實在太高興了。世上哪有比讓自己厭惡的人戰慄雌伏在自己的腳下，更讓人痛快的事情呢？更何況，他們還帶來了自己長久以來想要的東西。秦王特地擺出最隆重的典禮，在大殿上召見燕國使臣，他命令文武百官全部陪侍在旁，大殿的階梯上還有數百名持戟的衛士，他要讓天下都看看秦國的威風。

軻奉於期首，舞陽奉地圖，鐘鼓並發，群臣皆呼萬歲。舞陽大恐，兩足不能相過，面如死灰色，秦王怪之。

荊軻在前捧著裝入樊於期首級的木匣，秦舞陽在後捧著督亢的地圖，兩人上殿的時候，忽然大殿上鐘鼓一起鳴響，所有的秦國臣子都大聲高呼萬歲（這一定是事先就演練好的）。結果突然發出的巨響，把秦舞陽嚇壞了，「兩足不能相過」。什麼意思呢？人用兩隻腳走路，是不是先讓一隻腳在前，然後再讓另一隻腳越過前面的腳？這叫做「相過」。結果秦舞陽嚇得連後面的腳都不能越過前面的腳，這叫「兩足不能相過」。他的臉色，簡直就像是死灰一樣。

這就是燕國的勇士，這就是燕太子丹相信的勇士，為什麼他會這樣？因為他知道這回必死，他現在害怕了。秦舞陽啊！怕死是人之常情，我們都可以理解，但難道你害怕就能不死嗎？你的勇，也不過就是匹夫之勇而已。

秦王看到這種情況，心中覺得非常奇怪，這個副使怎麼會變成這樣？**這是意料之外的情況，你前方有強大的敵人，後方有無能的夥伴（哪一邊比較可怕啊？）。如果你是荊軻，這一刻你該怎麼辦？**

接下來，就是最緊張刺激的一幕了。各位注意看《燕丹子》怎麼記載這件事的經過，因為它和各位所熟悉《史記・刺客列傳》中的記載是不一樣的。

> 軻顧舞陽前，謝曰：「北蕃蠻夷之鄙人，未見天子。願陛下少假借之，使得畢事於前。」秦王曰：「軻起，督亢圖進之。」

如果你是荊軻，想必這一刻定是又氣又急吧！結果荊軻「怒而色不變」，回頭看了秦舞陽後，對秦王謝罪說：「這是從北方鄉下來的野人，從沒有見過天子的威儀。希望陛下能夠稍微助我一臂之力，完成使者的任務。」為什麼荊軻要這麼說？因為督亢的地圖是卷軸式的，很長，需要左右有兩個人才能把地圖打開。如今副使嚇壞了，只有請秦王幫忙了。秦王本來就看不起燕國，又在志得意滿之時，於是便輕易答應了這個請求。讓荊軻起身上來，將督亢的地圖送到他面前來。

秦王發圖，圖窮而匕首出。軻左手把秦王袖，右手揕其胸，數之曰：「足下負燕日久，貪暴海內，不知厭足。於期無罪而夷其族，軻將海內報讎。……從吾計則生，不從則死。」

秦王就幫著荊軻把地圖打開，結果沒想到最後匕首就藏在地圖之中，荊軻這時左手抓住秦王的袖子，右手把匕首刺進去。然後一條條數落秦王的罪名：「負燕日久，貪暴海內，不知厭足」，這是第一條罪；「於期無罪而夷其族」，這是第二條罪。荊軻啊，你果然說話算話，當年答應樊於期要「數以負燕之罪，責以將軍之讎」，你果然做到了！

等等，荊軻你為什麼不趕快多捅幾下徹底殺死秦王呢？難道你不知道，電視電影裡面壞人之所以會失敗，都是因為話太多嗎？荊軻接著說：「從吾計則生，不從則死。」聽我的就活，不聽我的就死。喔，原來荊軻你還另有打算啊！趕快說說，你的打算是什麼？

但對於這一點，《燕丹子》從頭到尾都沒解釋，真是莫名其妙。

秦王曰：「今日之事，從子計耳！乞聽琴聲而死。」召姬人鼓琴，琴聲曰：「羅穀單衣，可掣而絕。八尺屏風，可超而越。鹿盧之劍，可負而拔。」軻不解音，王從琴聲負劍拔之，於是奮袖超屏風而走。

這時秦王要求荊軻說：「今天的事，我通通都聽你的！但我希望死前再聽一次琴聲。」荊軻這時大概覺得十拿九穩，於是就答應了。等等，匕首已經捅進胸口，為什麼秦王還能說話？對於這一點，《燕丹子》也沒有解釋，只能說是秦王的體質異於常人。

秦王傳召樂姬鼓琴，結果在《燕丹子》中秦國的琴聲好像摩斯電碼一樣，居然會說話！琴聲說什麼呢？「羅穀單衣，可掣而絕。八尺屏風，可超而越。鹿盧之劍，可負而拔。」什麼意思呢？它（她？）告訴秦王：「陛下穿的是疏細的絲織單衣，奮力一扯就能拉斷袖子。拉斷袖子以後，可以越過旁邊的八尺屏風，刺客就一下追不到你。這個時候把佩帶的鹿盧寶劍背在背上，就可以拔出來砍人。」琴音居然可以告訴秦王這麼多訊息，而且還是具體步驟，我們只能說，古文明實在是太神奇了！

結果荊軻完全聽不懂琴音說什麼（可見音樂教育的重要），結果「王從琴聲負劍拔之，於是奮袖超屏風而走」，居然讓秦王成功逃跑了！這下該怎麼辦？

軻拔匕首擿之，決秦王，刃入銅柱，火出。秦王還斷軻兩手。軻因倚柱而笑，箕踞而罵，曰：「吾坐輕易，為豎子所欺。燕國之不報，我事之不立哉！」

荊軻只好投擲手中的匕首，想要解決秦王，結果沒有丟中。「刃入銅柱，火出。」各位看這形容有多生動，那個匕首插進了銅做的柱子裡面，兩個金屬的東西互相撞擊，連火花都跑出來了。不過生動歸生動，在技術層面來說，匕首插進銅柱，這可能嗎？

秦王拔劍後，回頭就把荊軻的兩手給斬斷，荊軻這時靠著柱子大笑，然後張開兩腿蹲在地上大罵。在古代這是非常不禮貌的舉動，因為先秦古人穿袍子，通常沒有褲子，「箕踞」會讓兩隻毛腿露出來。荊軻說：「剛才我沒能殺你，就是因為輕易相信了你要再聽琴聲才死，才被你這個豎子所騙。我沒法報答燕國了，我的事不成了！」

這是《燕丹子》的最後一幕，荊軻連到最後臨死都像個勇士。

除了《燕丹子》之外，漢代還有另外一個野史版本叫《三秦記》，《三秦記》的記載就非常簡略，只說：

荊軻入秦，為燕太子報仇。把秦王衣袂曰：「寧為秦地鬼，不為燕地囚。」王美人彈琴作語曰：「三尺虜骭何不掣？四面屏風何不起？」王因掣衣而走，得免。

什麼叫「甯為秦地鬼，不為燕地囚」？就是我寧可在秦地被你殺了做鬼，我也不肯活著等秦國來滅亡燕國後做囚奴。然後一樣是靠琴聲，只是多了彈琴者的名字叫王美人。「三尺虜骭」是指秦王之劍，基本情節和《燕丹子》如出一轍。

試問：如果你是太史公，現在要寫有關荊軻的傳記，看到野史中有這麼多對荊軻故事的記載，但也有太多荒謬不合理的情節，這一刻你該怎麼辦？

第七章——一個注定失敗的計畫

在前面四章，我已經向各位介紹了同一個故事在《史記》中的不同記載。接下來，我們試著用《史記・刺客列傳》和《燕丹子》、《三秦記》來比較，看看所謂的歷史，到底是怎麼被寫成的。

《史記・刺客列傳》是這麼開始的：

荊軻者，衛人也。其先乃齊人，徙於衛，衛人謂之慶卿。而之燕，燕人謂之荊卿。

故事的一開始，太史公從荊軻的家世說起。這個視角就和《燕丹子》從「燕丹子質於秦」開始不同。因為《燕丹子》的主角是燕太子丹，而《史記・刺客列傳》的主角是荊軻。所以《燕丹子》記了不少關於燕太子丹的故事，是

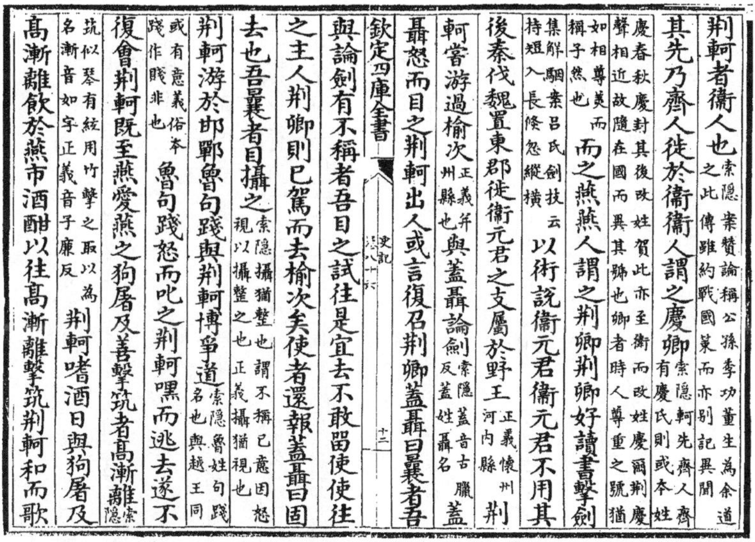
荆軻者衛人也索隱案贊論稱公孫季功董生為余道之此傳雖約戰國策而亦別記異聞
其先乃齊人徙於衛衛人謂之慶卿索隱軻先齊人齊有慶氏則或本姓
慶春秋慶封其後改姓賀此亦至衛而改姓慶爾荆慶聲相近故隨在國而異其號也卿者時人尊重之號猶
如相尊美而稱子然也而之燕燕人謂之荆卿荆卿好讀書擊劍
集解駰案呂氏劍技云持短入長倏忽縱橫以術說衛元君衛元君不用其
後秦伐魏置東郡徙衛元君之支屬於野王正義懷州河內縣荆
軻嘗游過榆次正義并州縣也與蓋聶論劍索隱蓋音古臘反蓋姓聶名蓋
聶怒而目之荆軻出人或言復召荆卿蓋聶曰曩者吾
欽定四庫全書 史記 卷八十六 十二
與論劍有不稱者吾目之試往是宜去不敢留使使往
之主人荆卿則已駕而去榆次矣使者還報蓋聶曰固
去也吾曩者目攝之索隱攝猶整也謂不稱己意因怒視以攝整之也正義攝猶視也
荆軻游於邯鄲魯句踐與荆軻博爭道索隱魯姓句踐名也與越王同
或有意義俗本踐作賤非也魯句踐怒而叱之荆軻嘿而逃去遂不
復會荆軻既至燕愛燕之狗屠及善擊筑者高漸離索隱筑似琴有絃用竹擊之取以為
名漸音如字正義音子廉反荆軻嗜酒日與狗屠及
高漸離飲於燕市酒酣以往高漸離擊筑荆軻和而歌

●《史記・刺客列傳》中記載荊軻刺秦王

〈刺客列傳〉中看不到的；而〈刺客列傳〉中也記了不少關於荊軻的故事，是《燕丹子》中看不到的。

荊軻，祖先原本是齊國人，而後遷徙到衛國，衛國人叫他慶卿。後來他到燕國去，燕國人叫他荊卿。慶姓原是齊國大姓，例如春秋時有慶封，荊和慶音相近，荊軻可能是慶氏的後裔。而「卿」乃是尊稱，就從大家都稱呼他為「卿」而不名的情況來看，就可以知道荊軻後來的名聲多麼受人愛重。

荊卿好讀書擊劍，以術說衛元君，衛元君不用。

《荀子》中曾說：「齊人隆技擊」，齊國在當時有著喜好武技的風氣；此外齊國文化鼎盛，有著戰國第一學府的稷下學宮。因此荊軻好讀書擊劍，可能和祖上是齊國人有關。

前面說過「學則有術」，荊軻曾經想以術說服衛國的國君，可惜他不是李斯，衛元君也不是秦王，最後的結果就是「不用」。這也正可以印證，李斯所說的「度楚王不足事，而六國皆弱，無可為建功者」是很有遠見的。

荊軻嘗游過榆次，與蓋聶論劍，蓋聶怒而目之。

在家鄉出仕不順利，荊軻只好周遊列國找尋機會，這也是戰國常見的現象。

荊軻曾經過榆次（位於今山西省中部）這個地方，與當地有名的劍客蓋聶論劍，蓋聶怒目直瞪著他，各位猜猜荊軻的反應是什麼？

怒目反瞪回去？不對！

神定氣閒，不動如山？不對！

奮起拔劍，該出手時就出手？不對！

荊軻出。人或言復召荊卿，蓋聶曰：「曩者吾與論劍有不稱者，吾目之；試往，是宜去，不敢留。」使使往之主人，荊卿則已駕而去榆次矣。

荊軻竟然逃走了！

荊軻竟然逃走了！

荊軻竟然逃走了！

有人對蓋聶說，應該再把荊卿叫回來。蓋聶說：「過去和我論劍有名不副實的人，我就瞪他。你們可以試著去找這個人，他應該已經跑了，不敢留在這裡。」於是派遣使者到荊軻寄居的主人那裡，荊軻果然已經駕車離開榆次了。

……荊軻游於邯鄲，魯句踐與荊軻博，爭道，魯句踐怒而叱之。

荊軻又經過了趙國都城邯鄲（位於今河北省南部），當時有名叫魯句踐的人，與荊軻玩一種叫六博的遊戲（後世所說「賭博」的「博」，就是從這種遊戲而來），荊軻用棋子擋住了魯句踐的棋道，魯句踐於是生氣大罵，各位猜猜荊軻這次的反應又是什麼？

荊軻嘿而逃去，遂不復會。

荊軻竟然又逃走了。

荊軻竟然又逃走了。

荊軻竟然又逃走了。

這個「嘿」字，就是默然的默。荊軻連狠話也不敢撂下，這次不吭聲就轉頭逃跑了，從此再也沒回來過。天啊，這是我們想像中那位勇往直前的荊軻嗎？人家一瞪一罵，你就嚇跑了？

陶六博俑 ©wikipedia/Sailko

荊軻當然和我們想的不一樣，因為我們不是他。真正胸懷大志的人物，怎麼能為了一時意氣而死在這種地方？否則韓信當年何必受胯下之辱？如果荊軻真的怒目或拔劍相向，因而與蓋聶相鬥而死，那也不過就是一個匹夫，死得太不值得，歷史上也就不會知道有荊軻這個人了。

我想此時此刻的蓋聶和魯句踐，應該都是志得意滿的吧！你看，又一個名不副實的膽小鬼，怎麼能與自己相比呢？但是蓋聶和魯句踐，你們知道嗎？後來正是因為這個你們瞧不起的荊軻，兩位的名字才得以傳世。當然，你們比另外一個人要幸運得多，到現在我們也不知道當年那個要韓信鑽他胯下的小流氓，到底叫什麼名字？

歷史，根本不會去記那些不值得記的人物。沾沾自喜的燕雀，又怎麼可能知道鴻鵠的志向呢？

> 荊軻既至燕，愛燕之狗屠及善擊筑者高漸離。荊軻嗜酒，日與狗屠及高漸離飲於燕市，酒酣以往，高漸離擊筑，荊軻和而歌於市中，相樂也，已而相泣，旁若無人者。

荊軻到了燕國後，有兩個特別要好的朋友，一是燕國殺狗的屠夫、一個是擅長演奏樂器筑的高漸離。荊軻很喜歡喝酒，每天三個人總在鬧市一起喝酒，酒喝夠了以後，高漸離擊筑，荊軻就唱歌，哈哈大笑覺得非常快樂，唱完歌以後就抱頭痛哭，就像鬧市中沒有別人一樣。

各位認為這幾個人像不像瘋子？這幾個人當然不是瘋子，只是懷才不遇而已。大凡才能出眾的人，如果沒有機會發揮自己的能力，心中必然十分苦悶。才華越出眾，心中就越苦悶，最後只好每天表現狂態，用這種方法來排遣苦悶的心情，在古書裡這種人就叫做「佯狂度日」。

當然，這不代表每個發酒瘋的人都是有才華的，一千個喝酒的人中也未必有一個是真有才華的人，但這幾個人確實是如此。各位從荊軻跟高漸離後面的故事，就可以知道這兩個人都是不凡之人，物以類聚，他們兩個既然如此看重燕之狗屠，可以想見這個無名之人恐怕也有不凡之處（兩人總不會是為了免費吃狗肉吧？）。

荊軻雖游於酒人乎，然其為人沉深好書；其所游諸侯，盡與其賢豪長者相結。其之燕，燕之處士田光先生亦善待之，知其非庸人也。

荊軻雖然常常與酒友們廝混，但他的為人「沉深好書」，這代表他有內涵；他周遊列國，都結交各地的「賢豪長者」，這代表他的人脈關係。各位要知道，這些各地的「賢豪長者」，必然閱人無數，你如果沒有真才實學，誰要跟你結交啊？不信你到歐洲各國，去結交一下當地的諾貝爾獎得主或財閥總裁給我看看？

荊軻最後到了北邊的燕國，燕國的處士田光先生也很看重他，正是因為知道荊軻不是平庸之人。所謂的處士，就是德才出眾卻不願為官之人，這種人在中國文化裡，往往更受到朝野的敬重。蓋聶和魯句踐覺得荊軻是個沒用的膽小鬼，而田光先生卻覺得荊軻不凡，你覺得當時的一般人比較相信誰？而你又會相信誰？

居頃之，會燕太子丹質秦亡歸燕。

荊軻在燕國住了一陣子後，剛好本來是人質的燕太子丹從秦國逃亡回到燕國。關於這一點，《史記》和《燕丹子》不同。《燕丹子》說荊軻本來在衛國，是太子丹請來燕國；而《史記》卻說荊軻已到了燕國，而後太子丹才回國。這些不同之處，應該是太史公根據其他文獻所做的修正。而關於此前荊軻的所有事蹟，更不見於《燕丹子》之中，想必是太史公根據其他文獻所做的補充。

燕太子丹者，故嘗質於趙，而秦王政生於趙，其少時與丹驩。及政立為秦王，而丹質於秦，秦王之遇燕太子丹不善，故丹怨而亡歸。

燕太子丹曾經在趙國做人質，而秦王政也在趙國出生。他們兩個小的時候曾經一起在趙國做人質，感情好得不得了。可是等嬴政被立為秦王，而燕太子丹改到秦國做人質，秦王卻對他十分不好，所以太子丹才會怨恨而逃亡回國。

各位應該發現了，太子丹是被放回去的還是逃回去的，《史記》和《燕丹子》的記載有所不同。而《燕丹子》中烏白頭、馬生角、放機關、學雞叫等等傳說，也全部被太史公刪掉了。為什麼呢？《史記・刺客列傳》的「太史公曰」，對此做出了解釋：

世言荊軻，其稱太子丹之命，「天雨粟，馬生角」也，太過。

因為太史公認為，這些傳說實在太荒唐離譜了，所以通通刪掉。

此外，太史公更在這裡解釋清楚了，為何太子丹會那麼恨秦王的原因；不像《燕丹子》開頭太子丹就恨秦王，簡直莫名其妙。以下關於兩書的不同，除了重要的地方外，不再一一列舉，各位不妨自行比較。

秦王為什麼對太子丹不好？按常情想，太子丹到秦國去做人質，他在去之前必然會想秦王從小和他一起長大，過去的關係好得不得了，秦王一定會對他很好。

如果更進一步推測，當年的太子丹是以太子之尊去趙國做人質，嬴政則是趙國大仇秦國的人質之子，兩者地位已有高下之差。而燕趙關係絕對沒有秦趙關係那麼壞（秦國在長平之戰坑殺趙國四十萬人，趙國想必沒有另外的四十萬人給燕國殺），更可以推測出兩個人當時在趙國邯鄲的處境和待遇，必然是天壤之別。因此他們兩個人小時感情會這麼好，應該是燕太子丹曾多方照顧嬴政。燕太子丹小時這麼照顧嬴政，現在要被派到秦國當人質了，他心中必然認為秦王一定會回報他的恩德，一定會想起小時候的感情，一定會多方照顧他，一定把他當作上賓對待。

但結果卻和太子丹想的完全不同，「秦王之遇燕太子丹不善」，秦王對他極其無禮苛待，這倒底是為什麼？

請問，秦王為何如此對待自己小時候的好朋友，各位認為原因何在？

難道是秦王天性殘忍嗎？這種答案太偷懶，我們先不考慮。

難道是太子丹在秦國，做了什麼讓秦王憤怒的事嗎？諒太子丹沒這個膽。

其實原因很簡單，這個世界上有兩種人，一種人很喜歡回憶過去，一種人則永遠不想別人再提到自己的過去。秦王嬴政的過去如此不堪回首，否則他就不用在打下邯鄲後，將過去所有小時欺負過他和他母親的人全部找出來殺光了（請參閱《秦始皇──一場歷史的思辨之旅》），這固然是嬴政的報復，但也是他告別自己過去的方法。

如今嬴政已是高高在上的秦王，他巴不得從此再沒有人提起他的過去，但這時一個熟知他過去的人突然出現在面前，你覺得他會作何感想？我想他每次看見太子丹，就會想起他不堪回首的過去，心中必然不能自制的充滿厭惡之情。更何況，太子丹說不定還想當面敘舊，還要提起當年的恩情，那就更蠢了。

各位可能會問，那為何不乾脆將太子丹趕回燕國，讓燕國派別人來呢？這是不可能的，太子丹既然來了，又怎麼可能讓他回去亂講話？太子丹只要一入秦國，秦王就絕對不會放他走了。太子丹這時還能活著，基本就是一個奇蹟，也難怪他要逃跑。

有時你施恩於人，別人未必會感激你，甚至會討厭你。為什麼呢？因為你念念不忘自己有恩於人。如果你給別人恩惠時，讓對方感受到這是施捨，那麼他不但不會感激你，甚至可能還會恨你。以後只要見到你，他又想起當年那一段處處受你施捨、自尊不如你的時候，他又怎麼可能高興得起來？這就是人情之常。所以有的時候不只受人恩惠是一門學問，給人恩惠更是一門學問。你給人恩惠的時候，千萬不要讓人覺得他的尊嚴是受辱的，否則以後就會發生你不想看到的結果。

歸而求為報秦王者，國小，力不能。其後秦日出兵山東以伐齊、楚、三晉，稍蠶食諸侯，且至於燕，燕君臣皆恐禍之至。太子丹患之，問其傅鞠武。武對曰：「秦地遍天下，……，民眾而士厲，兵革有餘。意有所出，則長城之南，易水以北，未有所定也。奈何以見陵之怨，欲批其逆鱗哉！」丹曰：「然則何由？」對曰：「請入圖之。」

太子丹回國後，希望能找尋報復秦王的方法，但是「國小，力不能」。此後秦國不斷出兵進攻東方各國，一步步蠶食，馬上就要到燕國，燕國君臣都恐懼兵禍將至。太子丹也擔心這件事，所以問他的老師鞠武。

●《繡像東周列國全志》中所繪之荊軻畫像

這裡鞠武和太子丹的問答，沒有《燕丹子》裡面那麼長，但是大意是相同的。鞠武對太子丹說：「秦地遍天下」，土地廣闊；「民眾而士厲」，百姓眾多而戰士奮勵；「兵革有餘」，軍隊打哪個國家都是綽綽有餘。擁有這樣條件的國家只要願意，則燕國的土地，就不知主人是誰了。

秦國那麼強大，燕國那麼弱小，應該想盡辦法保全自己才對。結果「奈何以見陵之怨，欲批其逆鱗哉」，怎麼能為了太子丹你一個人的恩怨，就要處處去挑釁秦國？

什麼叫做逆鱗？龍脖子下有一片倒生的鱗片叫做逆鱗，相傳誰碰了，龍就會殊死相鬥，非把對方咬死不可。人也有逆鱗，那是他不想要別人碰到或提到的事情，你如果碰到或提到了那件事，他就終生恨你。而國家更有它的逆鱗，你燕國今天要以小國去挑釁大國，還碰觸他的逆鱗，請問大國會怎麼報復你？這分明就是取禍之道！

太子丹說：「那怎麼辦呢？」鞠武答應幫他想辦法，但此後想了很久，也沒有告訴他是什麼方法。

居有閒，秦將樊於期得罪於秦王，亡之燕，太子受而舍之。鞠武諫曰：「不可。夫以秦王之暴而積怒於燕，足為寒心，又況聞樊將軍之所在乎？是謂『委肉當餓虎之蹊』也，禍必不振矣！雖有管、晏，不能為之謀也。

過了一陣子，「秦將樊於期得罪於秦王」，逃亡到燕國來。太子丹不但接受，還讓他在燕國留下。鞠武立刻加以勸阻，他是怎麼說的呢？

「夫以秦王之暴而積怒于燕，足為寒心」，秦王如此暴虐，而且對燕國還有積怒。為什麼呢？因為你太子丹是逃回來的。這個時候你應該要消除秦國的積怒，想盡辦法保全燕國，結果你居然接受了他最痛恨的樊於期？你怎麼能做這麼危險的事，這就好像拿著一塊肉在餓虎必經的路上等著一樣，將會帶來無法挽回的大禍！就算管仲、晏嬰復生，也想不出辦法來。

鞠武說得一點也沒錯，但現在太子丹都已經接受樊於期了，試問如果你是太子丹，你該怎麼辦？

別擔心，鞠武有辦法。

願太子疾遣樊將軍入匈奴以滅口。請西約三晉，南連齊、楚，北購於單于，其後乃可圖也。」

他說，「願太子急遣樊將軍入匈奴以滅口」，趕快把樊將軍送到匈奴去，不要讓人知道樊於期曾經到過燕國，這就是打算「移禍江東」了，讓秦國的憤怒轉向匈奴。接下來，再和韓、趙、魏、齊（這裡就記得加上齊國了）、楚、匈奴組成聯盟，然後才能想辦法保全燕國。

太子曰：「太傅之計，曠日彌久，心惛然，恐不能須臾。且非獨於此也，夫樊將軍窮困於天下，歸身於丹，丹終不以迫於彊秦而棄所哀憐之交，置之匈奴，是固丹命卒之時也。願太傅更慮之。」

太子丹說：「太傅這個計策，耗時實在太久了，我的心苦惱得連一刻都等待不下去了。而且不只是這樣，樊將軍已經走投無路了才來投靠我，我絕對不會因為被強秦所迫而拋棄如此可憐的朋友，把他放在匈奴，這樣我寧可死。希望太傅幫我再想其他辦法。」

還有什麼辦法可想？把個人的交情放在國家的命運之上，這就是燕太子丹。

鞠武曰：「夫行危欲求安，造禍而求福，計淺而怨深，連結一人之後交，不顧國家之大害，此所謂『資怨而助禍』矣。夫以鴻毛燎於爐炭之上，必無事矣。且以鵰鷙之秦，行怨暴之怒，豈足道哉！燕有田光先生，其為人智深而勇沉，可與謀。」太子曰：「願因太傅而得交於田先生，可乎？」鞠武曰：「敬諾。」

鞠武該怎麼跟他的學生說呢？「夫行危欲求安」，做這麼危險的行為，而最後希望得到安全？「造禍而求福」，每天都在招來禍端，而最後希望求得福報？「計淺而怨深」，智謀如此淺薄，卻和別人結下如此深厚的怨恨？

為了聯繫和一個人的交情，卻不顧為國家招來大害，這不就是增加怨恨而助長禍端嗎？就像拿著鴻毛放在爐炭之上，然後希望一定沒事，有這個可能嗎？太子丹你的對手是有如兇禽的秦國，你的行為又會惹來秦國的暴怒，那結果還用多說嗎？鞠武明知道沒辦法，可他是太子丹的師傅，他還是得幫太子想辦法。於是他介紹了田光先生。

出見田先生，道「太子願圖國事於先生也」。田光曰：「敬奉教。」乃造焉。太子逢迎，卻行為導，跪而蔽席。田光坐定，左右無人，太子避席而請曰：「燕秦不兩立，願先生留意也。」田光曰：「臣聞騏驥盛壯之時，一日而馳千里；至其衰老，駑馬先之。今太子聞光盛壯之時，不知臣精已消亡矣。雖然，光不敢以圖國事，所善荊卿可使也。」太子曰：「願因先生得結交於荊卿，可乎？」田光曰：「敬諾。」即起，趨出。太子送至門，戒曰：「丹所報，先生所言者，國之大事也，願先生勿泄也！」田光俛而笑曰：「諾。」僂行見荊卿，曰：「光與子相善，燕國莫不知。今太子聞光壯盛之時，不知吾形已不逮也，幸而教之曰『燕秦不兩立，願先生留意也』。光竊不自外，言足下於太子也，願足下過太子於宮。」荊軻曰：「謹奉教。」田光曰：「吾聞之，長者為行，不使人疑之。今太子告光曰：『所言者，國之大事也，願先生勿泄』，是太子疑光也。夫為行而使人疑之，非節俠也。」欲自殺以激荊卿，曰：「願足下急過太子，言光已死，明不言也。」因遂自刎而死。

後面田光先生見太子丹這部分，與《燕丹子》比較基本相似。少了田光在太子丹那裡住了三個月，也少了田光觀察燕太子丹的門客的情節。而是記載太子丹直接見田光，田光就馬上向他推薦了荊軻，然後「自殺以激荊卿」，荊軻就去見太子，這是《史記》和《燕丹子》非常不一樣的地方。

荊軻遂見太子，言田光已死，致光之言。太子再拜而跪，膝行流涕，有頃而後言曰：「丹所以戒田先生毋言者，欲以成大事之謀也。今田先生以死明不言，豈丹之心哉！」

荊軻這一次見太子，太子的迎接陣仗就比《燕丹子》要低調得太多，這才合理。否則每找一個人商議刺秦就要大張旗鼓，秦國不注意才怪。

當荊軻說到田光已死，而且田光臨死有「明不言也」之話語。太子當場痛哭，「再拜而跪，膝行流涕」，過了一會才說：「我所以勸戒田先生不要說，是想要成大事的謀略。現在田先生以一死表明不會洩密，這豈是我的本意呢！」太子丹啊，如果這真不是你的本意，那就證明你這個人愚蠢，害田光先生誤會而自殺；如果這是你的本意，那就證明你這個人虛偽。

荊軻坐定，太子避席頓首曰：「……今秦有貪利之心，而欲不可足也。非盡天下之地，臣海內之王者，其意不厭。……燕小弱，數困於兵，今計舉國不足以當秦。諸侯服秦，莫敢合從。丹之私計愚，以為誠得天下之勇士使於秦，闚以重利，秦王貪，其勢必得所願矣。誠得劫秦王，使悉反諸侯侵地，若曹沬之與齊桓公，則大善矣；則不可，因而刺殺之，彼秦大將擅兵於外而內有亂，則君臣相疑，以其閒諸侯得合從，其破秦必矣。此丹之上願，而不知所委命，唯荊卿留意焉。」

荊軻坐好後，太子丹離席磕頭說：「……現在秦國心中貪利，而慾望永不滿足。如果不窮盡天下所有的土地，臣服海內所有的王者，其意就永不饜足……燕國又小又弱，幾次為兵災所困，現在估計舉全國之力也不足以抵擋秦國。天下諸侯們又屈服在秦國之下，不敢進行合縱。按我一己的愚計，假如能得到天下的勇士出使秦國，再讓秦國看見重大的利益，秦王如此貪婪，按情勢

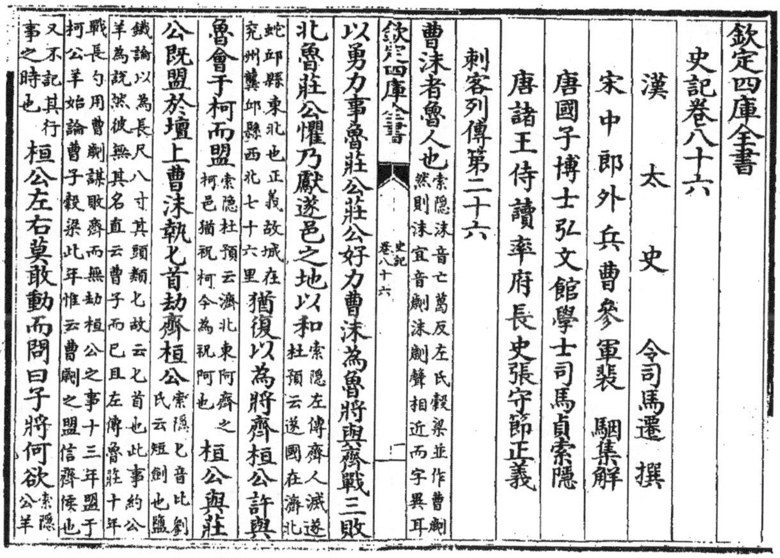

欽定四庫全書
史記卷八十六
漢 太 史 令司馬遷 撰
宋 中 郎 外 兵 曹 參 軍 裴 駰集解
唐國子博士弘文館學士司馬貞索隱
唐諸王侍讀率府長史張守節正義
刺客列傳第二十六
曹沫者魯人也索隱沫音亡葛反左氏穀梁並作曹劌然則沫宜音劌沫劌聲相近而字異耳以勇力事魯莊公莊公好力曹沫為魯將與齊戰三敗
欽定四庫全書 史記 卷八十六 二
北魯莊公懼乃獻遂邑之地以和索隱左傳齊人滅遂杜預云遂國在濟北蛇丘縣東北也正義故城在兖州龔丘縣西北七十六里猶復以為將齊桓公許與魯會于柯而盟索隱杜預云濟北東阿齊之柯邑猶祝柯今為祝阿也桓公與莊公既盟於壇上曹沫執匕首劫齊桓公索隱匕音比劉氏云短劍也鹽鐵論以為長尺八寸其頭類匕故云匕首也此事約公羊為說然彼無其名直云曹子而已且左傳魯莊十年戰長勺用曹劌謀敗齊而無劫桓公之事十三年盟于柯公羊始論曹子穀梁此年惟云曹劌之盟信齊侯也又不記其行事之時也桓公左右莫敢動而問曰子將何欲索隱公羊

●《史記・刺客列傳》中記載曹沫持匕首劫齊桓公

一定會達到我們的願望。假如能夠劫持秦王，讓他將所有從諸侯那裡侵略得來的土地全部奉還，就像過去曹沫與齊桓公的故事，那樣是最好的結果；如果不能，就刺殺秦王，他們秦國的大將帶兵在外而國內有亂，就會君臣相疑，諸侯們趁這個機會合縱，就一定能打敗秦國。這是我最大的願望，卻不知交給誰，希望荊卿您能仔細考慮。」

曹沫與齊桓公是什麼故事？當年齊國跟魯國相會，曹沫是魯國的將軍，幾次戰爭都失敗，讓齊國得到了很多土地。於是兩國談和，曹沫當時也參加了這場盟會，他就在高臺之上劫持了齊桓公，要齊桓公答應把侵吞魯國的土地全部吐出來還給魯國。齊桓公當時因為怕死，立刻就答應了。結果曹沫一看到齊桓公答應，馬上就像沒事人的樣子回到原來的位置上。齊桓公非常生氣，他覺得他深受侮辱，他就要下令把曹沫給抓起來處死，也不還魯國土地了。這個時候管仲勸阻了他，為什麼呢？管仲也知道這種被劫持所訂下的約定，其實可以不必遵守。但如果齊國遵守了，天下的諸侯就會覺得齊國是守信之國，連被劫持所訂下的盟約都會遵守，那麼不管將來跟齊國訂任何盟約，齊國都一定會遵守到底。於是齊桓公聽管仲的，他就把土地真的還給了魯國。從此之後，齊國就成為諸侯國的盟主，所有的諸侯國都相信齊桓公。

現在燕太子丹想要模仿曹沫的方法，劫持秦王，叫他吐出侵地來。如果秦王不答應，就把他殺了，造成秦國的內亂。秦國是不是真的會內亂，這一點先姑且不論。但從太子丹的話就可以看出，他這個計謀是一定會失敗的。為什麼呢？

第一個原因，因為時代不同了。為什麼當年曹沫能成功？那是因為當時的齊桓公要做諸侯的盟主，也就是想要吸引大批的同盟國來成立國際組織，此時不惜賠錢也要賺吆喝，信用當然比土地重要。可是現在時代不同了，素來喜歡耍詐的秦國哪裡會講守信這一套？秦國已是獨強，一心要吞併各國的土地，又怎麼會在乎信用？就算秦王答應後說話不算話，你又能奈它何？

第二個原因，因為對象不同了。曹沫能成功，是因為他的對手是齊桓公跟管仲，這兩個是要臉的。今天你荊軻的對手，是秦始皇跟李斯啊，開什麼玩笑？如果曹沫當年遇上的是秦始皇，恐怕早就被殺了十次不止。太子丹擬定這種計畫，根本就搞不清楚自己所處的時代，更搞不清楚自己面對的對象，既不知天也不知人，怎能不敗？

●齊桓公像

還有更關鍵的地方在於，大凡做一件事情要成功，最好目標專一，目標越純粹越容易成功。現在你派一個人去做刺殺秦王這麼危險的事情，殿上瞬息萬變，連一心要刺殺都不一定能成功，更何況現在你還給了他兩個目標，讓他在殿上有猶豫不決的可能，那不是增加了無數變數嗎？時代你弄錯了，對象你弄錯了，連目標都不清楚，這種計畫能成功才怪！

第八章——世上到底有誰愛你？

久之，荊軻曰：「此國之大事也，臣駑下，恐不足任使。」太子前頓首，固請毋讓，然後許諾。於是尊荊卿為上卿，舍上舍。太子日造門下，供太牢具，異物間進，車騎美女恣荊軻所欲，以順適其意。

荊軻聽了太子丹的計畫後，很久都沒說話，最後才說：「這是國家大事，我才能低劣，恐怕擔當不起。」這個事情實在太危險了，而太子丹這個計畫又如此離譜，去做這個事真是十死無生，叫荊軻怎麼答應？他就算不要命了，這個事也得能成功才行啊！結果太子向荊軻磕頭，不斷地拜託他不要推辭，荊軻只好許諾。說真話，都到這地步了，荊軻能不答應嗎？這一刻，他已經沒有退路了。

在這裡，太史公又把「黃金投龜，千里馬肝，姬人好手」的故事全部刪去，因為這些傳聞都實在不合情理。太史公只說太子丹尊荊軻為上卿，住最好的館舍，太子每天來拜訪他，用最上等的食物來款待他，有事沒事就送他珍奇的寶物，車馬美女讓荊軻隨心所欲，就為了讓荊軻滿意。

久之，荊軻未有行意。秦將王翦破趙，虜趙王，盡收入其地，進兵北略地至燕南界。太子丹恐懼，乃請荊軻曰：「秦兵旦暮渡易水，則雖欲長侍足下，豈可得哉？」

王翦像

過了很久，荊軻完全沒有想要出發的意思。此時秦將王翦已經打敗了趙國，俘虜了趙王，向北進兵略地直到燕國南界。太子丹非常害怕，於是請求荊軻說：「秦兵旦暮渡易水，則雖欲長侍足下，豈可得哉？」各位看這句話說得多委婉，秦國很快就要殺進燕國來了，就算我想繼續長久地這樣侍奉您，恐怕也辦不到了。什麼意思呢？就是要荊軻快點出發，不然就來不及了！

荊軻當然明白太子丹的意思，他怎麼回答呢？

荊軻曰：「微太子言，臣願謁之。今行而毋信，則秦未可親也。

荊軻說：「太子就算不說話，我也要對您說了。現在去，卻沒有能取信秦王的東西，恐怕沒法接近秦王。」不接近秦王，怎麼刺殺？

夫樊將軍，秦王購之金千斤，邑萬家。誠得樊將軍首與燕督亢之地圖，奉獻秦王，秦王必說見臣，臣乃得有以報。」太子曰：「樊將軍窮困來歸丹，丹不忍以己之私而傷長者之意，願足下更慮之！」

接下來，荊軻一樣提出了樊於期的頭和督亢地圖兩個條件，太子丹的反應也和《燕丹子》的記載一樣，不忍心殺樊於期。

荊軻知太子不忍，乃遂私見樊於期曰：「秦之遇將軍可謂深矣，父母宗族皆為戮沒。今聞購將軍首金千斤，邑萬家，將奈何？」於期仰天太息流涕曰：「於期每念之，常痛於骨髓，顧計不知所出耳！」荊軻曰：「今有一言可以解燕國之患，報將軍之仇者，何如？」於期乃前曰：「為之奈何？」荊軻曰：「願得將軍之首以獻秦王，秦王必喜而見臣，臣左手把其袖，右手揕其匈，然則將軍之仇報而燕見陵之愧除矣。將軍豈有意乎？」樊於期偏袒搤捥而進曰：「此臣之日夜切齒腐心也，乃今得聞教！」遂自剄。太子聞之，馳往，伏尸而哭，極哀。既已不可奈何，乃遂盛樊於期首函封之。

這段的記載，基本上跟《燕丹子》差不多。樊於期在荊軻的勸說下自殺了，太子無可奈何，荊軻於是得到了樊於期的首級。不過這裡只說樊於期「自剄」，「頭墜背後，兩目不瞑」這種不可思議的記載，史公也全部略去。

到這裡，刺殺行動已基本準備就緒。但還缺兩個條件，哪兩個條件呢？

就是好的工具跟好的助手。「工欲善其事，必先利其器」，我們先來看看好的工具。

於是太子豫求天下之利匕首，得趙人徐夫人匕首，取之百金，使工以藥焠之，以試人，血濡縷，人無不立死者。乃裝為遣荊卿。

於是太子預先找尋天下最鋒利的匕首，得到趙國有一個人叫徐夫人（夫人是他的名字，他是男的）所製作的匕首。有了好匕首就夠了嗎？還不夠。太子丹又花費百金，讓工匠用毒藥淬染匕首。事後用人來試，只要滲出來一絲血，那個人馬上就會中毒死亡。在後來的說法，這就是見血封喉。再讓荊軻帶著這樣的劇毒匕首，去刺殺秦王。

那麼好的助手，又在哪裡呢？

燕國有勇士秦舞陽，年十三，殺人，人不敢忤視。乃令秦舞陽為副。

一個十三歲的孩子，在今天才國中一年級，就可以在大街上當街殺人，而周圍的路人沒有一個人肯直接用眼睛對著看他，各位就看這個人有多麼兇悍。燕太子丹想來想去，他身邊的門客以秦舞陽最為兇悍，於是他決定找秦舞陽作為荊軻的副手，和荊軻一起去刺殺秦始皇。

可是燕太子丹想用秦舞陽，但荊軻不願意啊！荊軻心裡面，有著另外一個理想的助手人選。

荊軻有所待，欲與俱；其人居遠未來，而為治行，頃之，未發。

荊軻在等待某一個人到燕國來，要和這個人一起去刺殺秦始皇。可是那個人住得非常遠，需要花時間準備，所以一直沒有到，荊軻也一直在等待他，因此延遲了出發的時間。

太子遲之，疑其改悔，乃復請曰：「日已盡矣，荊卿豈有意哉？丹請得先遣秦舞陽。」

「太子遲之，疑其改悔」，各位又可以再次鮮明地看到太子丹是一個什麼樣的人，他看到荊軻一直沒有出發，又開始懷疑荊軻是不是後悔改變心意了？他故意再次對荊軻說：「日子已經快到了，荊卿真的有出發的打算嗎？我可以叫秦舞陽先去。」這話說得多麼不客氣，意思就是懷疑荊軻是不是怕死不敢去？如果你怕死，我就叫秦舞陽去。

荊軻怒，叱太子曰：「何太子之遣？往而不返者，豎子也！且提一匕首入不測之彊秦，僕所以留者，待吾客與俱。今太子遲之，請辭決矣！」遂發。

荊軻非常非常生氣，太子丹對他那麼好，那麼看重他，給他那麼多的享受；結果到這一刻，荊軻才發現燕太子丹根本不真正瞭解他是個什麼樣的人。荊軻既然決定要做這個事，他已然視死如歸，怎麼可能會改變心意？

荊軻斥責太子說：「太子這樣派遣是什麼意思？只想去送死，那不過是一介豎子而已。」做一個事情的目的是成功，不是做烈士。今天荊軻要做的事情，是拿一把匕首，要進入「不測之強秦」。既然「不測」，就得有萬全的準備，盡量將一切條件準備到最好。而在這眾多條件之中，最重要的就是人。選擇什麼樣的人，往往就決定了一件事情的成敗。

可是這時太子已經懷疑荊軻，荊軻也只能出發來證明自己的清白。

太子及賓客知其事者，皆白衣冠以送之。至易水之上，既祖，取道，高漸離擊筑，荊軻和而歌，為變徵之聲，士皆垂淚涕泣。又前而為歌曰：「風蕭蕭兮易水寒，壯士一去兮不復還！」復為羽聲慨，士皆瞋目，髮盡上指冠。於是荊軻就車而去，終已不顧。

再看一遍，雖然稍微跟《燕丹子》不太一樣，但這一幕還是一樣悲壯！燕太子丹謀事，也還是一樣不密。《易經》說：「君不密，則失臣。臣不密，則失身。幾事不密，則害成」，從這裡就可以預卜太子丹做事的成敗。

遂至秦，持千金之資幣物，厚遺秦王寵臣中庶子蒙嘉。

要辦成刺秦這樣的大事，就要確保成功的機率；要確保成功的機率，就必須要想盡辦法去打通一個又一個的關節。燕國的使團到了秦國，秦王一定會親自見你嗎？他就沒有其他要事嗎？這時候就需要秦王身邊的人，來幫你講話。

那秦王身邊的人，為什麼要幫你講話呢？因為你長得帥嗎？還是你跟他有什麼私人的交情嗎？如果都沒有，那還有一個辦法。什麼辦法？「世路難行錢為馬」，就用「千金之資幣物」去賄賂秦王的寵臣蒙嘉，果然就收到了良好的效果。

嘉為先言於秦王曰：「燕王誠振怖大王之威，不敢舉兵以逆軍吏，願舉國為內臣，比諸侯之列，給貢職如郡縣，而得奉守先王之宗廟。恐懼不敢自陳，謹斬樊於期之頭，及獻燕督亢之地圖，函封，燕王拜送于庭，使使以聞大王，唯大王命之。」秦王聞之，大喜，乃朝服，設九賓，見燕使者咸陽宮。

蒙嘉收了錢之後，就先替燕國使團講話，他說：「燕王非常害怕大王您的威望，不敢發動軍隊來迎接秦國的軍隊（就是不敢舉兵對抗的意思），希望變成秦國的臣子，和其他諸侯一樣，比照郡縣納賦稅的義務，只盼望能事奉守住先王的宗廟。燕國恐懼得不敢自己陳述（因此才要蒙嘉私下幫著講），恭謹地斬下樊於期之頭，並獻上燕督亢之地圖，用盒子封好，燕王親自拜送于庭，派使者來見大王，等候大王的命令」。

蒙嘉特別把「樊於期之頭」和「燕督亢地圖」這兩個東西講出來。因為他也知道這兩樣東西是秦王最在乎的。果然秦王非常高興，決定用盛大的禮儀（「乃朝服，設九賓」），在咸陽宮接見燕國使者。

荊軻奉樊於期頭函，而秦舞陽奉地圖柙，以次進。

到了殿上，荊軻是正使，拿著樊於期首級的木函；秦舞陽是副使，拿著裝有地圖的匣子。兩個人一前一後上去見秦王，這是當初就想好的計謀。到時候發圖的時候，荊軻跟秦舞陽兩個人共同合作把圖打開，這樣殿上有兩個人，刺殺就有把握多了。可惜人算不如天算，就算辦法再好，你也得看看執行這個辦法的人是誰。

至陛，秦舞陽色變振恐，群臣怪之。荊軻顧笑舞陽，前謝曰：「北蕃蠻夷之鄙人，未嘗見天子，故振慴。願大王少假借之，使得畢使於前。」秦王謂軻曰：「取舞陽所持地圖。」軻既取圖奏之，秦王發圖，圖窮而匕首見。因左手把秦王之袖，而右手持匕首揕之。未至身，秦王驚。

到了臺階下面的時候，秦舞陽突然臉色變了，在地下匍匐發抖。各位看一看這個形容比《燕丹子》要簡潔得多，可信度也更加地提高。荊軻處變不驚，回頭笑秦舞陽，再往前面道歉說：「這個副使是來自於燕國的鄉下人，從來沒有見過天子的威嚴，所以在地上振振發抖。希望大王幫幫我，讓我能完成我的使命。」秦王就跟荊軻說：「那就把舞陽所持地圖拿上來。」

接下來，「軻既取圖奏之，秦王發圖，圖窮而匕首見。因左手把秦王之袖，而右手持匕首揕之。」這一段和《燕丹子》幾乎一模一樣，可是太史公又加上「未至身，秦王驚」這六個字，這就合理了！否則匕首已經捅進胸口，為什麼秦王還能說話？還能行動？這實在說不過去。

而下面的情節，就和《燕丹子》所記更加不同。

自引而起，袖絕。拔劍，劍長，操其室。時惶急，劍堅，故不可立拔。

秦王嚇到了，立刻跳起來，把袖子給掙斷了。他想要拔劍，可是劍又長又硬，怎樣都拔不出來。這是因為古時候劍的長度，和持劍者的身分有關係，而天子的劍是最長的，因此秦王情急之下，怎麼拔都拔不出那把劍來。

荊軻逐秦王，秦王環柱而走。群臣皆愕，卒起不意，盡失其度。而秦法，群臣侍殿上者不得持尺寸之兵。諸郎中執兵皆陳殿下，非有詔召不得上。方急時，不及召下兵，以故荊軻乃逐秦王。

●中國山東省武氏祠石刻《荊軻刺秦王》

荊軻在後面拿著匕首追逐秦王，秦王只好繞著柱子一直逃跑。所有的大臣們都沒想到會發生這樣的事情，不知道怎麼辦，因為他們手上沒有任何兵器，因為秦法規定上殿者不能藏有兵器。

各位可能會想，不用擔心，不是還有衛士是拿著兵器的嗎？可是這些拿著兵器的衛士都在殿下，秦法規定，沒有秦王的命令，所有衛士都不可以上殿。而秦王這時被荊軻追逐得非常惶急，他一時想不到要下命令。結果史上最可笑的一幕出現了，咸陽宮所有的衛士沒有一個人敢上殿一步，就這樣在殿下呆呆的看著大王被追殺。

秦國法制之嚴明，從這裡可以看得出來；秦國法制之害，從這裡也可以看得出來。我們今天的社會始終強調，我們要建立一個法治社會。法治是不是對的？當然是對的，有法才有個公平的標準。可是我們要知道，法律不是萬能的，如果法律是有問題的，到了像秦國這個樣子，大家該怎麼辦？誰來補救？誰能補救？

設立嚴明的法治之前，必然要想到補救的辦法，否則就好像是開車的人，把這台車子往懸崖底下開，可是沒有一個人能夠挽救這個錯誤的命令，所以所有人只好往懸崖底下摔，秦國就是這樣完蛋的。

而卒惶急，無以擊軻，而以手共搏之，是時侍醫夏無且以其所奉藥囊提荊軻也。秦王方環柱走，卒惶急，不知所為，左右乃曰：「王負劍！」負劍，遂拔以擊荊軻，斷其左股。荊軻廢，乃引其匕首以擿秦王，不中，中桐柱。

秦始皇非常著急，劍又拔不出來，只好拿手跟荊軻搏鬥。當時群臣沒有人有反應，只有侍醫夏無且在旁，拿著他的藥囊來丟擲荊軻。當秦王著急地環柱而走時，左右終於有大臣告訴秦王，要他把劍推到背後再拔出來。於是秦王終於拔出劍來攻擊荊軻，斷掉他的左大腿，荊軻因為這樣不能行動，只好拿著匕首丟擲秦王，可惜「不中，中桐柱」。

細心的各位應該可以發現，《燕丹子》寫的是金字邊的「銅柱」，而《史記》寫的是木字邊的「桐柱」。從技術上來說，太史公的修改應該是更為合理的，否則荊軻的力量也太可怕了。

秦王復擊軻，軻被八創。軻自知事不就，倚柱而笑，箕踞以罵曰：「事所以不成者，以欲生劫之，必得約契以報太子也。」於是左右既前殺軻。

接下來也如《燕丹子》所記，荊軻受重傷，蹲著大罵秦王，他說：「事所以不成者，以欲生劫之，必得約契以報太子也」。意思就是，因為我想劫持秦王，讓他返還諸國的侵地，這樣才讓秦王有可乘之機，所以才沒刺殺成功。

這是荊軻最後的遺言，然後他就被殺掉了。

聽了荊軻的遺言，就會產生兩個想法：

第一個想法是，如我前面所說，做一個如此高風險的事情，你要想盡辦法增加成功的機率，因此目標必須專一。但因為太子丹的緣故，荊軻居然在這一刻對目標還有所猶豫。這樣的猶豫，無疑的是造成事情失敗的最大原因，看荊軻的這段話不就清楚了嗎！

第二個想法是，荊軻為什麼要說出這段話？他的用意到底是什麼？其實很簡單，因為荊軻要告訴後來的刺客，刺殺失敗是因為他猶豫了，如果荊軻不想生劫秦王，而是一開始就刺殺的話，刺殺一定能成功。希望後來刺殺的人，不要因為他這次的失敗，就以為不可能再刺殺秦王了，這樣才會有新的刺客，願意不斷前來嘗試殺掉秦王。事實上在荊軻之後，秦始皇至少還要遇到兩次刺殺，這足以讓我們知道，荊軻的想法是成功的。

秦王不怡者良久，已而論功，賞群臣及當坐者各有差，而賜夏無且黃金二百溢，曰：「無且愛我，乃以藥囊提荊軻也。」

事後秦王不樂了很久，等論功行賞時，除了應該賞罰的人之外，他特別重賞夏無且，還說：「無且愛我，乃以藥囊提荊軻也。」

秦王為什麼會說這樣的話？因為當他被刺殺的這一刻，殿上有那麼多的臣子，居然沒有一個人要上前來保衛他，只有夏無且拿藥囊來丟擲荊軻。各位不妨想想，荊軻手上那把匕首見血封喉，是劇毒的匕首，殿上大臣們如果人人要保衛秦王，那結果應該是死傷慘重。但事實上，最後居然是一個人都沒有死，各位就可以知道，當時所有殿上的大臣也是呆呆地看著刺客追殺我王，根本沒有一個人願意上前用自己的身體去保衛王上。

各位不妨想想，秦王的心中有多麼悲哀。他有那麼多的臣子，每個人口口聲聲效忠於他，到頭來卻都把自己的性命看得比王上更重要，世上有誰真正愛他？在緊要關頭的時候，又有誰願意捨命來保護他？

於是秦王大怒，益發兵詣趙，詔王翦軍以伐燕，十月而拔薊城。燕王喜、太子丹等，盡率其精兵東保於遼東。

於是秦王大怒，增派軍隊前往趙國，命令正在趙國的王翦軍準備進攻燕國，十月就攻下了燕都薊城。燕王和太子等，就帶領精兵往東跑到遼東去自保。

> 秦將李信追擊燕王急，……，燕王乃使使斬太子丹，欲獻之秦。

太子丹是燕王的誰啊？太子丹是燕王的親生兒子。為了保全自己，他連親生兒子也殺掉了，用來諂媚他的敵人和仇人，有用嗎？完全沒有用。

> 秦復進兵攻之。後五年，秦卒滅燕，虜燕王喜。

為什麼沒有用？因為你的敵人有他的目的，沒達成他的目的之前，他怎麼可能放過你？你怎麼求饒、諂媚都是沒有用的！因為他非得完成目的，那就是滅亡燕國統一天下。

讀完以上荊軻的故事，各位可以發現太史公對於在他之前的野史《燕丹子》，做出了種種的補充、刪節和修正。這些更動需要被求證，需要被考據，太史公的根據何在？由於時代久遠，許多太史公所參考的史料已不復傳世，因此這個問題很難被論證。但至少荊軻在殿上刺秦王的經過，現在還可以看到太史公的根據。在《史記・刺客列傳》的「太史公曰」中，記載了如下的文字：

始公孫季功、董生與夏無且游，具知其事，為余道之如是。

秦朝滅亡以後，夏無且還活著，一直活到漢代。公孫季功和董仲舒都還常跟夏無且來往，所以才從他口中知道了荊軻刺秦王的詳細經過，因為夏無且當時就在殿上。後來他們又跟太史公說了這件事，因此太史公才根據夏無且的口述歷史，來修改《燕丹子》的記載。

人文學，特別是歷史學，所研究的是相對的真實。什麼叫相對的真實？歷史是過去人類所有的活動，包括心智活動和物質活動；而歷史學是從史料中所能復原的過去人類活動，這些史料包括了「文」（文字記載）和「獻」（口述歷史），現在還要加上考古成果、文物圖像和新科技的幫助。像這裡太史公所根據的，就是口述歷史。

面對各式各樣的史料，必須找尋他認為最可信、最合理的記載，去修正不可信、不合理的記載，這就是史學家的工作，而我們後人所讀到的歷史，就是這樣被一步一步撰寫完成的。一個歷史學者的工作就從各種史料之中，不斷進行研究和比對，一步一步地找出你認為最合理、最好的說法，逐步地接近真實。可是隨著新史料的發現，隨著後面的人有新的認識，這個真相是能夠逐步地更新的，這是一種相對的真實，這才是歷史學真正的樣子。

我曾經告訴各位，人文學沒有標準的答案，只有好的答案跟更好的答案。如果你覺得前面的人所記的不真實，那就請你努力去找出更有根據、更真實的答案，而不要只是批評這不是真實的，所以我們都不要相信它，這並非一種健康的態度。要找尋真相，需要一代一代的歷史學者不斷地努力。而從前面的故事，各位就可以看出太史公在面對《燕丹子》這樣野史傳聞的材料和種種的民間傳說，他是如何透過自己的努力逐步地去構築更可信、更合理的真相。

●董仲舒像

接下來《史記》還記載了高漸離的故事，這是《燕丹子》和《三秦記》都沒有記載的事情。

其明年，秦并天下，立號為皇帝。於是秦逐太子丹、荊軻之客，皆亡。高漸離變名姓為人庸保，匿作於宋子。

高漸離是荊軻的好朋友，秦始皇統一天下後，他只好改名換姓去做宋子家的傭人。

久之，作苦，聞其家堂上客擊筑，傍偟不能去。

做人家的傭人，是十分痛苦的事。他聽見家中廳堂上有客擊筑，都會依依不捨離去。為什麼？因為他是擊筑高手，但現在因為怕洩漏身分，不敢擊筑。於是聽到別人擊筑，難免心癢難耐。

每出言曰：「彼有善有不善。」從者以告其主，曰：「彼庸乃知音，竊言是非。」家丈人召使前擊筑，一坐稱善，賜酒。

高漸離每次都會評論，別人擊筑哪裡好哪裡不好，於是從者就去告訴主人：「你的傭人是懂得音樂的，常常私底下評論好壞。」這一家的丈人於是「召使前擊筑」，果然「一坐稱善，賜酒」。

而高漸離念久隱畏約無窮時，乃退，出其裝匣中筑與其善衣，更容貌而前。舉坐客皆驚，下與抗禮，以為上客。

注意這句話，「高漸離念久隱畏約無窮時」。什麼意思？你改名換姓，你隱姓埋名，到底要到什麼時候？什麼時候才是個了局？你當初這麼做是因為你不想死，可是現在你發現你這樣活著更加痛苦，你該怎麼辦？於是高漸離做出了決定。

他先退下，拿出自己專用的樂器，只有這樣才能演奏出最好的水準。

拿出他最好的衣服，正理自己的容貌後上殿。高漸離變換了容貌和衣服一走出來，所有在座的客人都吃驚，人人下來行平等之禮，推舉他做為上客。為什麼？因為所有的人都知道這個人不是等閒人物，不敢再拿他當傭人看待。

使擊筑而歌，客無不流涕而去者。宋子傳客之，聞於秦始皇。

你看高漸離的音樂演奏得多好，到了多麼動人的地步！宋子不敢再以他為傭人，而是聘請他為門客。這樣厲害的人物，名聲又怎麼可能不傳入秦始皇耳中呢？

秦始皇召見，人有識者，乃曰：「高漸離也。」秦皇帝惜其善擊筑，重赦之。

秦始皇聽說了這件事，於是召見了他。旁邊有認識的人就告訴秦始皇，這是高漸離。秦始皇本來應該殺他，但因為這個人的音樂才華實在太難得，於是赦免了他。各位覺得秦始皇這樣做仁不仁慈？這樣做實在太仁慈了！可是我們接著看下一句：

乃矐其目，使擊筑，未嘗不稱善。稍益近之，高漸離乃以鉛置筑中，復進得近，舉筑撲秦皇帝，不中。於是遂誅高漸離，終身不復近諸侯之人。

秦始皇下令把高漸離的眼睛給弄瞎了，為什麼？因為演奏音樂是不需要眼睛的，這就是秦始皇式的仁慈！

高漸離擊筑，人人都誇獎。因為他音樂演奏得實在太好，漸漸取得了秦始皇的信任，演奏時離他越來越近，越來越近。高漸離就把鉛放在筑裡面，到下一次接近秦始皇的時候，他就拿著筑去撲擊秦皇帝，希望能把他給打死。結果是「不中」，為什麼？因為高漸離的眼睛瞎了，當然很難打中。但秦始皇非常的生氣，於是殺了高漸離，終生再也不相信任何六國之人了。

看到這裡，我想請問各位本書的最後一個問題：假如拋開帝王的身分不談，單單只從一個人的角度來看，秦始皇到底是個什麼樣的人？

假設擺脫了皇帝的身分，秦始皇這一生是個什麼樣的人呢？我的答案是，他是個很可憐的人。

各位聽了這句話，或許會很吃驚，秦始皇怎麼會可憐？人間所有的東西他都擁有了，他有什麼好可憐的？他的可憐在哪裡？

他的可憐在於，他的人生中連一個真心愛他的人，他能真心相信的人，他都找不到。他曾經相信過他的親生母親，結果他的親生母親背叛了他；他曾

●《秦併六國平話》中所描繪的「高漸離刺秦王」

經相信他的臣子，結果他身邊的臣子沒有人愛他；他曾經嘗試相信六國來的人，相信統一天下後，他們就會真心擁戴他，結果六國人也要殺他。他最後選擇相信了李斯、趙高和胡亥，結果這三個人聯手背叛了他，害死了他的繼承人，讓他的王朝灰飛煙滅。

秦始皇的人生，就是這樣一次又一次地嘗試著相信別人，然後一次又一次地被背叛，再一次一次地嘗試相信別人，再一次又一次地被背叛。一個從來就沒有人真心愛他的人，難道不是一個可憐的人嗎？這種人的一生，難道不是悲哀的一生嗎？

因為一個人可以靠武力去逼迫

人，靠財富去收買人，靠權勢去屈服人，可是你不能靠著這些東西讓別人真心愛你。可是如果一個人的一生，連一個真心愛你的人都沒有，試問這能算是成功嗎？這能算是幸福嗎？

希望這個人的一生，能夠帶給許多一心追求權勢名利的人更多的警惕。

結語——

我們為什麼要學歷史？

在歷史上，成功的人可能有各式各樣的原因；但失敗的人通常只有一種原因，就是他蠢。

所謂的蠢，往往不是指個人的才華，而是指個人的選擇。每個人的人生，都需要做出各式各樣的選擇，每個選擇都會通往不同的道路。有的選擇看起來像是成功捷徑，其實卻是通往萬丈深淵；有的選擇看起來崎嶇蜿蜒，卻是通往光明大道。遵循利益或是道德，依照感情或是理智，所做出的不同抉擇，又會帶來什麼樣的最終結果？

而這些人生的選擇和道路中，有許許多多前人都已走過，他們用自己的一生來告訴後人，什麼樣的路是走不通的，而什麼樣的路是走得通的。學歷史，可以幫助我們的人生少走很多錯誤的道路，努力走向光明和希望的未來。

而各位一生的選擇，或許也會成為歷史的一部分，幫助後人能夠做出更正確的選擇。這就是讀歷史的第一個功用，「啟發智慧」。

就我個人認為，在歷史上大致可分為三種人物。第一種人物是所謂的「歷史人物」，他們的選擇能夠改變歷史的方向，對後世產生了重大的影響。第二種人物是所謂的「重要人物」，他們的選擇改變不了歷史的方向，但可以加快或延遲歷史的進程。第三種人物是所謂的「一般人物」，他們做出任何選擇，都絲毫影響不了歷史。決定一個人能成為哪一種人物，有時不只是個人的條件，還包括了時代的因素。

各位何其有幸的能生在這個第三次巨變的時代，這個時代固然充滿著種種迷茫，卻也充滿著各種歷史的機遇。這個時代的人們固然走了無數的錯路，卻也更渴望著找出一條通往光明的道路。我期待生逢其時的各位，都能夠好好勉勵自己，替這個時代找出正確的道路，成為新世紀的歷史人物。這就是讀歷史的第二個功用，「審時度勢」。

但讀歷史還有最重要的第三個功用，那就是「感動人心」。讀歷史，是為了給予人類自強不息的力量。當你覺得人生一無所有的時候，請你記得有一個青年人漫步在下邳的橋上，在他最為窮困的那一刻，他仍然不忘記自己「滅亡暴秦，為韓報仇」的志向，最後他竟然完成了這個不可思議的成就。當你覺得自己只能位居人下的時候，請你記得有一個氏族，世世代代被人當成炮灰，而最後靠著自己的奮鬥，竟然統一了天下，建立了中國史上的第一個帝國。當你覺得自暴自棄的時候，請你記得，在古代的東方有一個人，他三歲時死了爸爸，十幾歲時死了媽媽，他年輕的時候家裡面貧窮，到處打工謀生，根本沒有好好接受過正規的教育。可是他靠著自己刻苦自學、奮發向上，最後終於成為中國歷史最有學問的人之一，那個人就是孔子。

中國文化有一句話是最為勉勵人的，「舜何？人也！予何？人也！有為者亦若是」，希望與閱讀本書的各位共勉之。

國家圖書館出版品預行編目資料

敵我之間：一場歷史的思辨之旅 3 / 呂世浩作. -- 初版. -- 臺北市：平安文化, 2015.08 面； 公分. -- (平安叢書；第 489 種)(知史；04)

ISBN 978-957-803-973-5(平裝)

1. 秦始皇 2. 秦史 3. 通俗史話

621.91 104013548

平安叢書第 0489 種
知史 [4]

敵我之間
一場歷史的思辨之旅3

作　　者—呂世浩
發 行 人—平雲
出版發行—平安文化有限公司
台北市敦化北路 120 巷 50 號
電話◎ 02-27168888
郵撥帳號◎ 18420815 號
皇冠出版社(香港)有限公司
香港銅鑼灣道 180 號百樂商業中心
19 字樓 1903 室
電話◎ 2529-1778　傳真◎ 2527-0904
總 編 輯—許婷婷
責任編輯—蔡維鋼
美術設計—王瓊瑤
著作完成日期— 2015 年 06 月
初版一刷日期— 2015 年 08 月
初版十二刷日期— 2022 年 12 月
法律顧問—王惠光律師

讀者服務傳真專線◎ 02-27150507
電腦編號◎ 551004
ISBN ◎ 978-957-803-973-5
Printed in Taiwan
本書定價◎新台幣 280 元 / 港幣 93 元